am, are, is の文

1 (　　)内から適する語を選び，○で囲みなさい。 (4点×4)

(1) I (am, are, is) Tanaka Shin. (私は田中慎です。)

(2) You (am, are, is) Lisa. (あなたはリサです。)

(3) This (am, are, is) my friend Mike. (こちらは私の友達のマイクです。)

(4) Ken (am, are, is) a soccer fan《ファン》. (健はサッカーのファンです。)

2 日本文に合うように，(　　)に適する語を入れなさい。 (6点×10)

(1) 私は中学生です。

(　　　　) (　　　　) junior high school student.

(2) こちらはグリーン先生です。彼女はオーストラリア出身です。

This is Ms. Green. (　　　　) (　　　　) from Australia.

(3) あなたはテニスがじょうずですね。

(　　　　) a good《じょうずな》 tennis player.

(4) こちらはジムです。彼は私の友達です。

(　　　　) (　　　　) Jim. (　　　　) my friend.

(5) あれは私たちの学校です。それはとても古いです。

(　　　　) our school. (　　　　) very old《古い》.

3 日本文に合う英文になるように，(　　)内の語句を並べかえなさい。 (8点×3)

(1) 私の父は英語の先生です。 (teacher, father, my, an, is, English)

____

(2) ブラウン先生は今，カナダにいます。(Canada, is, Mr. Brown, in) now.

______________________________ now.

(3) 由紀のコンピューターは新しいです。 (computer, new, Yuki's, is)

____

得点UP

❷ (1)最初の空所は I am の短縮形が入る。2番目の空所には「**1人の**」の意味を表す語を入れる。

❸ (3)**形容詞**が **be 動詞のあとにきて，主語を説明**する形の文になる。

am, are, is の疑問文・否定文

月　日

点

合格点：83点／100点

1 (　　)内から適するものを選び，◯で囲みなさい。 (4点×6)

(1) (Am, Are, Is) Kumi your classmate《クラスメート》?

(2) (I, You, I'm) not Kenji.

(3) (Is, Are, Am) your mother a music teacher?

(4) That's (not, isn't, aren't) our school.

(5) Bob (isn't, aren't, am not) from Canada.

(6) (Is, Am, Are) you a junior high school student?

2 (　　)に適する語を入れて，会話文を完成しなさい。 (5点×8)

(1) *A*：Are you a soccer fan?
B：(　　　　　), I (　　　　　). I'm a baseball fan, too.

(2) *A*：Is that your bike?
B：(　　　　　), it's (　　　　　). It's my father's.

(3) *A*：Is Emi your sister?
B：Yes, (　　　　　) is. (　　　　　) nine years old《～歳》.

(4) *A*：Is your brother a student?
B：Yes, (　　　　　) (　　　　　). He's a college《大学》 student.

3 日本文に合う英文になるように，(　　)内の語句を並べかえなさい。 (12点×3)

(1) こちらはあなたのお姉さんですか。 (your, this, is, sister)

____

(2) 健二(Kenji)は教室にはいません。 (is, Kenji, the classroom, in, not)

____

(3) あなたはアメリカ出身ですか。 (from, you, America, are)

____

得点UP

2 (1) too は「～もまた」の意味。(2) my father's は「私の父のもの」。

3 (1)(3)疑問文は be 動詞を主語の前に出す。

like, play の文

月　　日

点

合格点：80点／100点

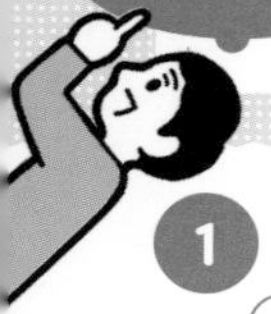

1　(　　)内から適する語を選び，◯で囲みなさい。　(5点×4)

(1) I usually《ふつう，たいてい》 (am, have, play) breakfast《朝食》 at 7 a.m.

(2) I (have, like, walk) to school every morning.

(3) You (have, live, go) two dogs.

(4) I (listen, watch, read) TV after dinner.

2　(　　)に適する語を入れて，日本文に合う英文にしなさい。　(6点×6)

(1) I (　　　　　) sports very much.　(私はスポーツが大好きです。)

(2) You (　　　　　) the piano well.　(あなたはピアノをじょうずにひきます。)

(3) I (　　　　　) a brother.　(私には兄[弟]が1人います。)

(4) I (　　　　　) English and Chinese.　(私は英語と中国語を勉強しています。)

(5) You (　　　　　) a nice bag.　(あなたはすてきなかばんを持っています。)

(6) I (　　　　　) to school by bike.　(私は自転車で学校へ来ます。)

3　日本文に合う英文になるように，(　　)内の語句を並べかえなさい。　(11点×4)

(1) 私は夕食前に宿題をします。　I (homework《宿題》, dinner, do, before, my).

I ______________________________.

(2) あなたは英語がうまいですね。　(speak, you, English, well)

____

(3) 私は火曜日と金曜日に図書館へ行きます。

I (go, Tuesdays, Fridays, to, on, the library, and).

I ______________________________.

(4) 私は放課後バスケットボールを練習します。

I (basketball, school, after, practice《練習する》).

I ______________________________.

得点UP

1 (1)朝食を「食べる」。(2)学校へ「歩いて行く」。

3 (1)「～の宿題をする」は **do** ～ homework。(4)「放課後」は「学校のあと」と考える。

like, play の疑問文・否定文

月　日

点

合格点：82 点／100 点

1　(　　)内から適するものを選び，◯で囲みなさい。　(4点×5)

(1)　(Are, Is, Do) you play tennis, Judy?　—Yes, I (am, do, is).

(2)　You (aren't, isn't, don't) have a cat.

(3)　I (am, are, do) not want《ほしい》 a new bike.

(4)　Mari, (do, are, is) you study English every day?

2　日本文に合うように，(　　)に適する語を入れなさい。　(6点×6)

(1)　トム，あなたは日本の食べ物が好きですか。

Tom, (　　　　　) you (　　　　　) Japanese food《食べ物》?

(2)　私はスマートフォンを持っていません。

I (　　　　　) (　　　　　) a smartphone《スマートフォン》.

(3)　あなたはこの町に住んでいますか。

(　　　　　) you (　　　　　) in this town《町》?

3　(　　)に適する語を入れて，会話文を完成しなさい。　(6点×4)

(1)　*A*：Do you speak Japanese, Mike?

B：(　　　　　), I (　　　　　). I speak Chinese, too.

(2)　*A*：Do you go to the park by bike, Ryo?

B：(　　　　　), I (　　　　　). I walk to the park.

4　日本文に合う英文になるように，(　　)内の語を並べかえなさい。　(10点×2)

(1)　あなたは毎日サッカーをするのですか。

(play, day, you, every, soccer, do)

____

(2)　私は彼女の名前を知りません。　(name, know, her, don't, I)

____

得点UP

1　(3)あとに一般動詞の want があることに注目する。

2　(3)「住む，住んでいる」という意味の動詞 live を使った疑問文にする。

likes などの文

月　日

点

合格点：84 点／100 点

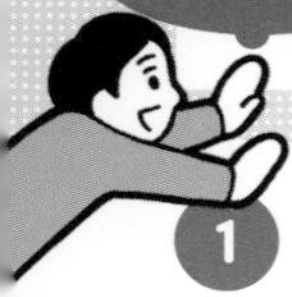

1 (　　)内から適する語を選び，○で囲みなさい。 (5点×4)

(1) Emi (like, likes, is) ice cream very much.

(2) Koji (play, like, plays) baseball after school.

(3) I (walk, walks, comes) to school every day.

(4) My uncle《おじ》 (live, are, lives) in New York.

2 〔　　〕内の語を適する形(現在形)にして，(　　)に入れなさい。 (7点×4)

(1) Your sister (　　　　　　) English hard《熱心に》. 〔study〕

(2) My father (　　　　　　) to the park early《早く》 in the morning. 〔go〕

(3) Kelly (　　　　　　) a good friend in Japan. 〔have〕

(4) Ms. Green (　　　　　　) English. 〔teach〕

3 日本文に合うように，(　　)に適する語を入れなさい。 (8点×5)

(1) 私の母はときどきケーキを作ります。

My mother sometimes《ときどき》 (　　　　　　) a cake.

(2) 久美にはお兄さんが1人と妹さんが1人います。

Kumi (　　　　　　) a brother and a sister.

(3) マイクは音楽が好きです。彼はよく音楽を聞きます。

Mike (　　　　　　) music. He often (　　　　　　) to music.

(4) 私の姉は毎週本をたくさん読みます。

My sister (　　　　　　) a lot of《たくさんの》 books every week《毎週》.

4 〔　　〕内の語句を使って，日本文の意味を表す英文を書きなさい。 (12点)

私の父はよくテレビでサッカーの試合を見ます。 〔often, soccer games〕

得点UP

❷ 3人称単数・現在形にする。(1)〜(4)の動詞は，語尾にそのまま s をつけるのではないことに注意。

❸ (2)「(兄弟，姉妹などが)いる」は，動詞 have を使って表す。

likes などの疑問文・否定文

月　日

点

合格点：80 点／100 点

1　(　　)内から適するものを選び，◯で囲みなさい。　(3点×7)

(1)（Is, Do, Does）Ms. Green play tennis?　―Yes, she（do, does）.

(2)（Do, Does, Are）your friend（live, lives）here《ここに》?

(3) My mother（don't, doesn't）（have, has）a car.

(4) Mr. Kato（isn't, don't, doesn't）know my father.

2　(　　)に適する語を入れて，会話文を完成しなさい。　(5点×4)

(1) *A*：Does Mr. Davis come to school by train?
B：No, he（　　　　　）. He（　　　　　）to school by car.

(2) *A*：Does Bill eat Japanese food《食べ物》?
B：Yes, he（　　　　　）. He often《よく》（　　　　　）sushi.

3　日本文に合うように，(　　)に適する語を入れなさい。　(5点×7)

(1) あなたのお姉さんはスマートフォンを持っていますか。
（　　　　　）your sister（　　　　　）a smartphone?

(2) 絵美はネコが好きですが，彩はネコが好きではありません。
Emi（　　　　　）cats, but Aya（　　　　　）（　　　　　）cats.

(3) ボブは家では日本語を話しません。
Bob（　　　　　）（　　　　　）Japanese at home《家で》.

4　日本文に合う英文になるように，(　　)内の語を並べかえなさい。　(12点×2)

(1) 健(Ken)は毎日英語を勉強しますか。
（English, does, study, Ken）every day?
______________________________ every day?

(2) 私の町には大きな病院はありません。
（have, town, doesn't, my）a big hospital.
______________________________ a big hospital.

得点UP

2 (1)「電車で学校へ来ますか」に No で答えたあとに，「車で学校に来ます」と続けている。

4 一般動詞の**疑問文・否定文**では，**動詞は原形**を使う。

名詞の複数形 / 複数の文

月　日

点

合格点：80 点／100 点

1 (　　)内から適するものを選び，○で囲みなさい。 (4点×4)

(1) I have two (brother, brothers).

(2) They are junior high school (student, students).

(3) I don't see any (a dog, dogs) in the park.

(4) Kaori and I (am, are) classmates.

2 日本文に合うように，(　　)に適する語を入れなさい。 (6点×10)

(1) 私はかばんの中に鉛筆を何本か持っています。

I have (　　　　) (　　　　) in my bag.

(2) 純と健太は仲の良い友達です。

Jun and Kenta (　　　　) good (　　　　).

(3) 大樹，あなたは犬が好きですか。

Daiki, do you (　　　　) (　　　　)?

(4) 私たちは今，京都にいます。

(　　　　) (　　　　) in Kyoto now.

(5) あれらの本は私のものではありません。

(　　　　) (　　　　) aren't mine.

3 〔　　〕内の語句を使って，日本文の意味を表す英文を書きなさい。 (8点×3)

(1) 私たちはたくさんのいすが必要です。〔need, a lot of〕

(2) これらは私の雑誌です。〔these, my〕

(3) あの男の人たちはサッカー選手です。〔those, men〕

得点UP

3 (1)「いす」は chair。複数形を使う。(2)「雑誌」は magazine。複数形を使う。
(3) man（男の人）の複数形は men。「選手」は player の複数形を使う。

what / who

月　　日

点

合格点：80点／100点

1 日本文に合うように，(　　)に適する語を入れなさい。　(4点×10)

(1)　これは何ですか。　—それはラケットです。

(　　　　)(　　　　) this?　—(　　　　) a racket.

(2)　健二とはだれですか。　—彼は私の友達です。

(　　　　)(　　　　) Kenji?

—(　　　　) my friend.

(3)　彼は何をほしがっていますか。　—新しい自転車です。

(　　　　)(　　　　) he want《ほしい》?　—A new bike.

(4)　だれがふだんこのコンピューターを使いますか。　—私です。

(　　　　) usually (　　　　) this computer?　—I do.

2 (　　)に適する語を入れて，会話文を完成しなさい。　(6点×7)

(1)　*A*：(　　　　) is that woman?

B：That's Kate.　(　　　　) my aunt《おば》.

(2)　*A*：(　　　　) your favorite《大好きな》 subject《教科》, Judy?

B：My favorite subject is science《理科》.

(3)　*A*：(　　　　) teaches English to you?

B：Mr. Davis (　　　　).

(4)　*A*：(　　　　) sports (　　　　) you like, Bill?

B：I like basketball and baseball.

3 日本文に合う英文になるように，(　　)内の語句を並べかえなさい。　(9点×2)

(1)　あの女の子はだれですか。　(that, is, who, girl)

____

(2)　あなたは放課後に何をしますか。　(do, do, after school, what, you)

____

得点UP

2　(3)「人」を答えているので，「**だれが**〜しますか」の問い。答えでは動詞 teaches の代わりの語を使う。

3　(2)疑問文をつくる do と，「〜をする」という動詞の do を使う。

where / when / whose / which

月　日

点

合格点：80 点／100 点

1 日本文に合うように，(　)に適する語を入れなさい。 (5点×8)

(1) ネコはどこにいますか。 ―ベッドの上にいます。
(　　　　) (　　　　) the cat? ―It's on the bed.

(2) どのバスが病院へ行きますか。 ―あのバスが行きます。
(　　　　) bus (　　　　) to the hospital? ―That one does.

(3) これはだれの車ですか。 ―私の母のです。
(　　　　) car is this? ―It's my (　　　　).

(4) あなたの誕生日はいつですか。 ―4月9日です。
(　　　　) (　　　　) your birthday? ―It's April 9.

2 (　)に適する語を入れて，会話文を完成しなさい。 (5点×8)

(1) *A*：(　　　　) (　　　　) Yuka study English?
B：She studies English before dinner.

(2) *A*：(　　　　) (　　　　) you live?
B：I live near《～の近くに》 Sakura Station《駅》.

(3) *A*：(　　　　) computer (　　　　) that?
B：It's my uncle's.

(4) *A*：(　　　　) (　　　　) your new bag?
B：The yellow one is mine.

3 〔　〕内の語を使って，日本文の意味を表す英文を書きなさい。 (10点×2)

(1) 彼らはいつサッカーをしますか。 〔when〕

____

(2) 彼はどこで柔道を練習しますか。 〔where, judo〕

____

得点UP

❶ (2)〈疑問詞＋名詞〉が主語になる文で，そのあとに**動詞**が続く。動詞は**3人称単数・現在形**。

❸ (2)「柔道を練習する」は practice judo で表す。

No. 10

4　疑問詞

how / what time など

点

合格点：80点／100点

1　(　　)に適する語を入れて，日本文に合う英文にしなさい。　(6点×6)

(1) (　　　　　) is the weather in Tokyo?　(東京の天気はどうですか。)

(2) (　　　　　) many books do you have?　(本を何冊持っていますか。)

(3) (　　　　　) time is it in London?　(ロンドンでは何時ですか。)

(4) (　　　　　) day is it today?　(今日は何曜日ですか。)

(5) (　　　　　) the date today?　(今日は何月何日ですか。)

(6) (　　　　　) much is this shirt《シャツ》?　(このシャツはいくらですか。)

2　(　　)に適する語を入れて，会話文を完成しなさい。　(4点×16)

(1) *A*：(　　　　　) (　　　　　) is your school?
B：It's about thirty years old.

(2) *A*：(　　　　　) (　　　　　) your sister go to school?
B：She walks to school.

(3) *A*：(　　　　　) (　　　　　) do you usually《ふつう，たいてい》 get up?
B：I usually get up at 6：30.

(4) *A*：(　　　　　) (　　　　　) brothers do you have?
B：I have two brothers.

(5) *A*：I have rice《ごはん》 for breakfast.　(　　　　　) (　　　　　) you?
B：I have toast《トースト》 and coffee.

(6) *A*：(　　　　　) (　　　　　) is it today?
B：It's Wednesday.

(7) *A*：(　　　　　) (　　　　　) does it take from here?
B：It takes about fifteen minutes《分》.

(8) *A*：(　　　　　) (　　　　　) is this pencil?
B：It's 100 yen.

得点UP

2　(1)「あなたの学校は創立してからどれくらいですか(＝どれくらい古いですか)」。(5)「私は朝食にごはんを食べます。**あなたはどうですか**」。(7)「ここから**どれくらい**(時間が)かかりますか」。

月　　日

命令文 / Don't ～. / Let's ～.

点

合格点：80 点 / 100 点

1 日本文に合うように，(　　)に適する語を入れなさい。 (4点×10)

(1) 毎日英語を勉強しなさい。　(　　　　　) English every day.

(2) この鉛筆を使ってください。
(　　　　　)(　　　　　) this pencil.

(3) 気をつけて，メグ。　(　　　　　) careful, Meg.

(4) まっすぐ行って左に曲がってください。
(　　　　　) straight and (　　　　　) left.

(5) 昼食にハンバーガーを食べよう。　―わかった。
(　　　　　)(　　　　　) hamburgers for lunch.　―O.K.

(6) 学校に遅刻してはいけません。
(　　　　　)(　　　　　) late《遅れた》 for school.

2 日本文に合う英文になるように，(　　)内の語を並べかえなさい。 (12点×3)

(1) 友達には親切にしなさい。　(kind, your, to, be, friends)

(2) ドアを開けないで。　(open, door, the, don't)

(3) 放課後テニスをしましょう。　(tennis, school, play, after, let's)

3 〔　　〕内の語句を使って，日本文の意味を表す英文を書きなさい。 (8点×3)

(1) このクラスでは英語を話しなさい。　〔speak, this, class〕

(2) 今日の午後，買い物に行きましょう。　〔shopping, this afternoon〕

(3) この部屋の中で走ってはいけません。　〔run, this room〕

得点UP

1 (6)「～に遅刻する」は〈**be 動詞＋ late for ～**〉。否定の命令文なので，be 動詞は原形を使う。

2 (1)「～に親切である」は〈**be 動詞＋ kind to ～**〉。

can の文

月　日

点

合格点：84 点／100 点

1 (　　)内から適する語を選び，○で囲みなさい。 (4点×3)

(1) You (are, does, can) swim very fast.

(2) Osamu can't (play, plays, playing) tennis well.

(3) Can Ken and Yuri (speak, speaks, speaking) English?

2 日本文に合うように，(　　)に適する語を入れなさい。 (6点×8)

(1) 私の弟はこの歌をとてもじょうずに歌えます。

My brother (　　　　) (　　　　) this song very well.

(2) ドアを閉めてくれますか。 ―いいですよ。

(　　　　) you close the door? ―All (　　　　).

(3) あなたの鉛筆を使ってもいいですか。 ―もちろん。

(　　　　) (　　　　) use your pencil? ―Sure.

(4) 私の妹は英単語を読めません。

My sister (　　　　) (　　　　) English words.

3 日本文に合う英文になるように，(　　)内の語句を並べかえなさい。 (10点×4)

(1) エマはギターをじょうずにひくことができます。

Emma (guitar, well, the, play, can).

Emma ________________________________.

(2) この机を使ってもいいですか。 (desk, use, I, can, this)

____

(3) 彼は何のスポーツができますか。 (sports, he, can, what, play)

____

(4) 私の宿題を手伝ってくれますか。

(help, my homework, you, can, me, with)

____

得点UP

2 (3) can には「～できる」のほかに，「**～してもよい**」の意味もある。

3 (4)依頼の文。**help … with ～** で「…の～を手伝う，～の面で…を手伝う」。

代名詞の使い方

1 (　　)内から適する語を選び，○で囲みなさい。 (6点×4)

(1) This book isn't mine. It is (she, her, hers).

(2) Yuki, is this bag (you, your, yours)?

(3) Ms. Green is (we, our, us) English teacher.

(4) Is that your computer? —Yes, it's (you, my, yours, mine).

2 〔　　〕内の語を適する形にして，(　　)に入れなさい。 (8点×4)

(1) This is Mike. I like (　　　　　　) very much. 〔he〕

(2) He has a dog. (　　　　　　) name is Shiro. 〔It〕

(3) Some of (　　　　　　) are from Australia. 〔they〕

(4) Kaori is my classmate. I know (　　　　　　) well. 〔she〕

3 日本文に合うように，(　　)に適する語を入れなさい。 (8点×3)

(1) 私の言うことをよく聞きなさい。

Listen to (　　　　　　) carefully《注意深く》.

(2) 林先生はいつも私に「最善をつくしなさい」と言います。

Mr. Hayashi always《いつも》 says to me, "Do (　　　　　　) best《最善》."

(3) 私たちといっしょに来てください。

Please come with (　　　　　　).

4 〔　　〕内の語を使って，日本文の意味を表す英文を書きなさい。 (10点×2)

(1) このノートはあなたのですか。 〔yours〕

____

(2) あの自転車は私のです。 〔mine〕

____

得点UP

2 (2)「彼は犬を飼っています。**それの**名前はシロです」。It's（＝ It is）と区別する。

3 (2)"　"の中は林先生のことばなので，「**あなたの**最善をつくしなさい」となる。

現在進行形

月　日

点

合格点：80点／100点

1　(　　)内から適する語を選び，○で囲みなさい。　(3点×4)

(1) I'm (watch, watches, watching) TV.

(2) Bob and Ken (is, are) (play, plays, playing) tennis.

(3) It's (rain, rains, raining) in Hokkaido.

2　〔　　〕内の語を適する形にして，(　　)に入れなさい。　(5点×4)

(1) We are (　　　　　) lunch in our classroom. 〔have〕

(2) Takeshi is (　　　　　) a bath《入浴》. 〔take〕

(3) My dog is (　　　　　) over there. 〔run〕

(4) Ms. Yamada is (　　　　　) a computer. 〔use〕

3　日本文に合うように，(　　)に適する語を入れなさい。　(6点×8)

(1) 彼らは音楽を聞いています。

They (　　　　　) (　　　　　) to music.

(2) 私はまさに今，彼女にメールを書いているところです。

(　　　　　) (　　　　　) an e-mail to her right now《まさに今》.

(3) 純はプールで泳いでいます。

Jun (　　　　　) (　　　　　) in the pool《プール》.

(4) 私の姉は電話で話しています。

My sister (　　　　　) (　　　　　) on the phone《電話》.

4　日本文の意味を表す現在進行形の文を書きなさい。　(10点×2)

(1) 彼は理科を勉強しているところです。

(2) 彼女は夕食を作っているところです。

得点UP

2 (2) **take a bath** で「ふろに入る」。

4 現在進行形は〈**be 動詞＋動詞の ing 形**〉の形。動詞の ing 形は，動詞の**原形に ing をつけて**つくる。

現在進行形の疑問文・否定文

月　日

点

合格点：80点／100点

1　(　　)内から適する語を選び，◯で囲みなさい。　(4点×4)

(1)　(Do, Does, Is) she walking in the park?

(2)　Kenji (don't, doesn't, isn't) washing the car.

(3)　Is Mr. Brown (uses, use, using) this computer?

(4)　What (do, does, is) Judy writing?

2　日本文に合うように，(　　)に適する語を入れなさい。　(6点×8)

(1)　彼は眠っているのですか。　―はい，眠っています。

(　　　　　) he (　　　　　)?

―Yes, he (　　　　　).

(2)　あなたはテレビを見ているのですか。

(　　　　　) you (　　　　　) TV?

(3)　〔(2)に対して〕いいえ，見ていません。私は勉強しています。

No, (　　　　　) (　　　　　). I'm (　　　　　).

3　日本文に合う英文になるように，(　　)内の語句を並べかえなさい。　(9点×4)

(1)　東京は雨が降っていますか。　(raining, it, in, is, Tokyo)

____

(2)　私は今，夕食を食べていません。　(dinner, not, having, I'm) now.

______________________________ now.

(3)　彼らは公園で何をしていますか。

(doing, they, what, are) in the park?

______________________________ in the park?

(4)　だれがピアノをひいていますか。　(playing, who, the piano, is)

____

得点UP

3　(3)「何をしていますか」の文。What で文を始め，現在進行形の疑問文を続ける。

(4)「だれが～していますか」の文。**疑問詞を主語**にする文。

want to ~ / like ~ing

月　日

点

合格点：74 点／100 点

1 (　　)内から適するものを選び，◯で囲みなさい。 (4点×4)

(1) I want (join, to join, joining) the badminton team.

(2) Mari wants (to go, to goes, going) to the library after school.

(3) Jim tries (is, do, to do) his best.

(4) My grandfather is good at (cook, to cook, cooking).

2 日本文に合うように，(　　)に適する語を入れなさい。 (8点×5)

(1) 私は今夜，映画が見たいです。

I (　　　　　) (　　　　　) see a movie tonight.

(2) 健二は将来，先生になりたがっています。

Kenji wants to (　　　　　) a teacher in the future.

(3) 私はジェーンと話す必要があります。

I need (　　　　　) (　　　　　) to Jane.

3 (　　)に適する語を入れて，会話文を完成しなさい。 (8点×3)

(1) *A*：(　　　　　) do you (　　　　　) to be in the future?

B：I want to be a singer. I like singing very much.

(2) *A*：Can Kumi play any musical instruments?

B：Yes, she can. She is good (　　　　　) playing the piano.

4 〔　　〕内の語を使って，日本文の意味を表す英文を書きなさい。 (10点×2)

(1) 私は写真を撮ることが好きです。 〔like, pictures〕

____

(2) あなたはどこに行きたいですか。 〔where, go〕

____

得点UP

3 (2) A が「久美は楽器がひけますか」と質問し，B は「ひけます」と答えている。

4 (1)「写真を撮る」は take pictures。

一般動詞の過去の文

月　日

点

合格点：80点／100点

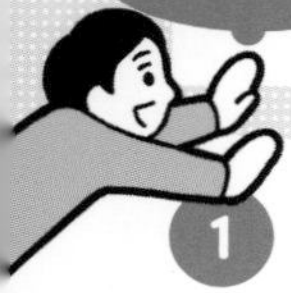

1　〔　　〕内の語を適する形にして，（　　）に入れなさい。　(6点×6)

(1) I (　　　　　) English and math yesterday. 〔study〕

(2) He (　　　　　) to school by bike yesterday. 〔come〕

(3) They (　　　　　) in Tokyo for two weeks last《この前の，昨～》 month. 〔stay〕

(4) Mr. Davis (　　　　　) in Kyoto two years ago《～前に》. 〔live〕

(5) It (　　　　　) a lot last night. 〔rain〕

(6) I (　　　　　) a lot of pictures there yesterday. 〔take〕

2　日本文に合うように，（　　）に適する語を入れなさい。　(5点×8)

(1) 父は早く起きて，釣りに行きました。

My father (　　　　　) up early and (　　　　　) fishing.

(2) たくさんの人が去年，北海道を訪れました。

A lot of people (　　　　　) Hokkaido (　　　　　) year.

(3) 私たちは昨日パーティーを楽しみました。

We (　　　　　) the party (　　　　　).

(4) 私は昨夜遅く寝ました。

I (　　　　　) to bed late (　　　　　) night.

3　〔　　〕内の語句を使って，日本文の意味を表す英文を書きなさい。　(8点×3)

(1) 私はこの前の日曜日にサッカーの試合を見ました。〔a soccer game, last〕

(2) 彼は夕食前に宿題をしました。〔his homework, before dinner〕

(3) 彼女は昨日の朝，朝食にトーストを食べました。
〔toast, yesterday morning〕

得点UP

2 (1)「起きる」＝ get up，「釣りに行く」＝ go fishing。(3)「～を楽しむ」＝ enjoy。

3 (3)「朝食に～を食べる」は have ～ for breakfast で表す。

月　　日

点

合格点：80点／100点

一般動詞の過去の疑問文・否定文

1　(　　)内から適する語を選び，◯で囲みなさい。　(4点×3)

(1)　(Do, Does, Did) you walk to school yesterday?

(2)　He (isn't, doesn't, didn't) play soccer last Sunday.

(3)　What did you (do, did, doing) yesterday?

2　日本文に合うように，(　　)に適する語を入れなさい。　(6点×6)

(1)　あなたはなぜ今朝早く起きたのですか。

Why《なぜ》 (　　　　　) you (　　　　　) up early this morning?

(2)　私は昨日テレビを見ませんでした。

I (　　　　　) (　　　　　) TV yesterday.

(3)　彼はどこへ行ったのですか。　―公園へ行きました。

Where did he (　　　　　)?　―He (　　　　　) to the park.

3　(　　)に適する語を入れて，会話文を完成しなさい。　(6点×5)

(1)　*A*：Did your father come back early yesterday?

B：No, he (　　　　　). He (　　　　　) back late at night《夜に》.

(2)　*A*：Did you have lunch with your friends?

B：Yes, I (　　　　　). I (　　　　　) lunch with Ken and Meg.

(3)　*A*：Did you see Kumi yesterday?

B：No, I (　　　　　) see her.

4　〔　　〕内の語句を使って，日本文の意味を表す英文を書きなさい。　(11点×2)

(1)　彼らは昨夜，楽しい時を過ごしましたか。〔a good time, last night〕

(2)　純(Jun)は昨日，理科を勉強しませんでした。〔science, yesterday〕

得点UP

3　いずれも過去の会話文。疑問文では動詞は原形を使うが，答えの肯定文では**過去形**を使う。

4　**疑問文**や**否定文**では，動詞は必ず**原形**になる。

be動詞の過去の文・過去進行形

点
合格点：80 点／100 点

1 （　　）内から適する語を選び，○で囲みなさい。 (4点×3)

(1) I（am, was, were）an elementary school student last year.

(2) Andy（didn't, wasn't, weren't）tired then.

(3) （Did, Were, Are）you cleaning the room then?

2 日本文に合うように，（　　）に適する語を入れなさい。 (5点×8)

(1) ジャクソンさんは，10年前は教師でした。

Mr. Jackson（　　　　）a teacher ten years（　　　　）.

(2) 今朝は寒くありませんでした。　It（　　　　）cold this morning.

(3) あなたは昨日，忙しかったですか。　―はい，忙しかったです。

（　　　　）you busy yesterday? — Yes, I（　　　　）.

(4) あなたはそのとき宿題をしていたのですか。

― いいえ。私はテレビを見ていました。

（　　　　）you（　　　　）your homework then?

— No, I wasn't. I was（　　　　）TV.

3 （　　）に適する語を入れて，会話文を完成しなさい。 (8点×3)

(1) *A*：What did you do last weekend?

B：I didn't do anything. I（　　　　）sick in bed.

(2) *A*：You didn't come to the fireworks《花火》 last night.

（　　　　）（　　　　）you doing?

B：I was studying for the math test.

4 〔　　〕内の語句を使って，日本文の意味を表す英文を書きなさい。 (12点×2)

(1) 私は泳ぐことが得意ではありませんでした。〔good at, swimming〕

____

(2) 彼女は昨年，このチームの一員でしたか。〔a member, last year〕

____

得点UP

3 (2) A からの質問に対し，B は「数学のテスト勉強をしていました」と答えている。

4 (1)「～が得意だ」は be good at ～。

月　日

いろいろな会話表現

点

合格点：84 点／100 点

1 会話文が完成するように，(　　)に適する文を右から選んで記号を書きなさい。(6点×5)

(1) *Ken*：Aya, this is my friend Tom.
Tom：Hi, Aya. (　　　　)
Aya：Hi, Tom. (　　　　)

(2) *A*：(　　　　) Are you Yuki?
B：Yes, I am.

(3) *A*：Look. This is a picture of a beach in Hawaii.
B：(　　　　) I want to go there.

(4) *A*：Don't run in the room.
B：(　　　　)

ア How beautiful!
イ Excuse me.
ウ You're welcome.
エ Nice to meet you, too.
オ And you?
カ Nice to meet you.
キ I'm sorry.
ク I'm fine.

2 (　　)に適する語を入れて，日本文に合う会話文を完成しなさい。(7点×10)

(1) *A*：Hello. (　　　　) is Ken. もしもし，健です。
(　　　　) I speak to Meg? メグをお願いします。
B：(　　　　). Hi, Ken. 私です。やあ，健。

(2) *A*：A hamburger, please. ハンバーガーをください。
B：(　　　　). Here you are. かしこまりました。はい，どうぞ。
A：(　　　　) a big hamburger! なんて大きいハンバーガーでしょう！

(3) *A*：Is (　　　　) a bank near here? この近くに銀行はありますか。
B：I'm sorry. I don't know. ごめんなさい。わかりません。
A：O.K. (　　　　) anyway《とにかく》. わかりました。とにかくありがとう。
B：(　　　　) is a police box over there. You can ask them. あそこに交番があります。彼らにたずねてみては。

(4) *A*：(　　　　) you help me? 手伝ってくれますか。
B：(　　　　), I'm busy. 悪いけど，忙しいです。

得点UP

1 (4)「部屋の中を走ってはいけません」と注意されたことに対してあやまる表現。

2 (1)電話での会話。「こちらは～です」「～さんをお願いします」の言い方に慣れよう。

総復習テスト（英語）

月　日

点

目標時間：20分　　合格点：80点／100点

1　（　　）内から適する語を選び，◯で囲みなさい。　(2点×8)

(1) (Do, Does, Is, Are) Tom and Ellen from America?

(2) Yumi usually (come, comes, coming) to school at 8:10.

(3) Is this bag your sister's? —No. It's (my, mine, she, her).

(4) Mr. Brown is (stay, stays, stayed, staying) in Kyoto now.

(5) My mother (go, goes, went, going) to bed late last night.

(6) Are you and Ken brothers? —Yes, (I, he, we, they) are.

(7) Lisa, (is, be, do, don't) careful. The traffic《交通量》 is heavy《激しい》 here.

(8) (Who, What, When, How) day is it today? —It's Wednesday.

2　日本文に合うように，（　　）に適する語を入れなさい。　(2点×16)

(1) 由香と私は仲のよい友達です。
Yuka and I (　　　　) good (　　　　).

(2) 久美にはお兄さんが1人います。名前は和哉です。
Kumi (　　　　) a brother. (　　　　) name is Kazuya.

(3) 由香はいつも朝早く起きます。
Yuka always (　　　　) (　　　　) early in the morning.

(4) 今度の日曜日にテニスをしましょう。　—わかった。
(　　　　) (　　　　) tennis next Sunday. —All right.

(5) 私は今，自分の部屋で音楽を聞いています。
(　　　　) (　　　　) to music in my room now.

(6) 私の祖母はコンピューターを使えます。
My grandmother (　　　　) (　　　　) a computer.

(7) 私は昨夜，英語を2時間勉強しました。
I (　　　　) English for two hours (　　　　) night.

(8) 図書室でしゃべってはいけません。　—ごめんなさい。
(　　　　) (　　　　) in the library. —I'm sorry.

裏面へ

3 次の場面に合う英文になるように，(　　)に適する語を入れなさい。 (2点×9)

(1) 友人の健をテニスがじょうずだと紹介するとき。

Ken (　　　　　　) tennis (　　　　　　).

(2) 電話で友人に「何してるの？」とたずねるとき。

(　　　　　　) are you (　　　　　　)?

(3) 趣味を聞かれて，写真を撮るのが好きだと答えるとき。

I like (　　　　　　) pictures.

(4) 将来何になりたいかをたずねるとき。

What do you want (　　　　　　) (　　　　　　) in the future?

(5) 入浴中に届いていたメッセージに「ごめん，おふろに入ってた」と返すとき。

Sorry, I (　　　　　　) (　　　　　　) a bath.

4 (　　)に適する語を入れて，会話文を完成しなさい。 (2点×8)

(1) *A*：(　　　　　　) (　　　　　　) is it?

B：It's 11：30.

(2) *A*：(　　　　　　) (　　　　　　) you study English?

B：I often study English after dinner.

(3) *A*：(　　　　　　) (　　　　　　) the weather in Osaka?

B：It's sunny.

(4) *A*：(　　　　　　) (　　　　　　) students do you have in your class?

B：We have thirty.

5 〔　　〕内の語を使って，日本文の意味を表す英文を書きなさい。 (6点×3)

(1) あなたは放課後たいてい何をしますか。〔usually, after〕

____

(2) だれが今ピアノをひいているのですか。〔is, now〕

____

(3) 私の仕事を手伝ってくれますか。〔can, me, with〕

____

月　　日

正負の数

点

合格点：80 点／100 点

1 次の□にあてはまる数を答えなさい。　(8点×2)

(1)　0より5小さい数は，□と表される。

(2)　現在から3時間後を＋3時間と表すとき，現在から3時間前は，

□時間と表される。

2 次の数直線で，A，B，Cに対応する数を答えなさい。また，－0.5に対応する点Dを，数直線上に表しなさい。　(8点×4)

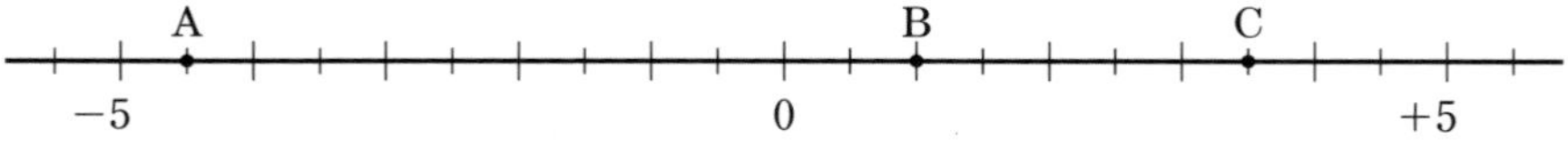

3 次の条件にあてはまる数を，すべて答えなさい。　(8点×2)

(1)　絶対値《ぜったいち》が2になる数

(2)　絶対値が2.9より小さい整数

4 次の各組の数の大小を，不等号《ふとうごう》を使って表しなさい。　(9点×4)

(1)　＋2，－12

(2)　－17，－14

(3)　$-\frac{3}{5}$，$-\frac{3}{4}$

(4)　0，－0.1，－0.08

得点UP

3　絶対値とは，数直線上で，ある数に対応する点と**原点《げんてん》(0の点)との距離《きょり》**のこと。

4　(2)負《ふ》の数は，0より小さく，**絶対値が大きいほど小さい。**

正負の数の加減

月　日

点

合格点：80点／100点

1 次の計算をしなさい。 （6点×6）

(1) $(+4)+(+7)$

(2) $(-6)+(+14)$

(3) $(-8)+(-16)$

(4) $(+2.6)+(-1.9)$

(5) $\left(-\frac{1}{2}\right)+\left(+\frac{2}{5}\right)$

(6) $(-9)+(+2)+(+5)+(-6)$

2 次の計算をしなさい。 （6点×6）

(1) $(+7)-(+12)$

(2) $(-2)-(-9)$

(3) $(-14)-(+7)$

(4) $(-13)-(-13)$

(5) $(+0.7)-(-1.3)$

(6) $\left(-\frac{2}{3}\right)-\left(-\frac{1}{6}\right)$

3 次の計算をしなさい。 （7点×4）

(1) $5-9+7$

(2) $11-8+5-15$

(3) $-9-(-15)-12$

(4) $6+(-8)-(-13)-4$

得点UP

❶ (2)異《い》符《ふ》号《ごう》の2数の和は，絶対値の差に，**絶対値の大きいほうの符号**をつける。

❷ **ひく数の符号を変えて**，加法になおしてから計算する。

正負の数の乗除

点

合格点：80点／100点

1 次の計算をしなさい。

(6点×6)

(1)　$(+7)\times(-8)$

(2)　$(-4)\times(-9)$

(3)　$(-1.4)\times 3$

(4)　$\frac{2}{5}\times\left(-\frac{5}{6}\right)$

(5)　$(-7)^2$

(6)　-3^4

2 次の計算をしなさい。

(6点×6)

(1)　$(-40)\div(-5)$

(2)　$(+24)\div(-8)$

(3)　$(-12)\div 16$

(4)　$8.4\div(-7)$

(5)　$(-15)\div\frac{3}{7}$

(6)　$\left(-\frac{2}{7}\right)\div\left(-\frac{16}{21}\right)$

3 次の計算をしなさい。

(7点×4)

(1)　$4\times(-9)\times(-2)$

(2)　$18\div(-12)\times(-8)\div(-3)$

(3)　$\left(-\frac{3}{4}\right)\times\frac{14}{15}\div\left(-\frac{7}{8}\right)$

(4)　$8\div\left(-\frac{2}{5}\right)^2\div(-30)$

得点UP

1 (6)$(-3)^4$とはちがうことに注意する。

3 (2)わる数の逆数《ぎゃくすう》をかけて，**乗法だけの式になおして**計算する。

四則の混じった計算

月　　日

点

合格点：80点／100点

1 次の計算をしなさい。

（10点×6）

(1) $5+3\times(-4)$

(2) $48\div(-3)-3\times(-8)$

(3) $-8+48\times(-7)\div(-8)$

(4) $10+36\div(-2)+4$

(5) $\frac{4}{5}-\left(-\frac{1}{3}\right)^2\div\frac{5}{6}$

(6) $16-(36-2^3)\div(-4)$

2 分配《ぶんぱい》法則を利用して，次の計算をしなさい。

（10点×2）

(1) $\left(\frac{5}{12}-\frac{4}{9}\right)\times(-36)$

(2) $4.3\times(-7.6)+5.7\times(-7.6)$

3 次の表は，A～Eの5人の数学のテストの得点からクラスの平均点をひいた差を表したものである。Aの得点が79点のとき，下の問いに答えなさい。

（10点×2）

生徒	A	B	C	D	E
平均点との差	−3	+4	+1	+5	−2

(1) クラスの平均点を求めなさい。

(2) A～Eの5人の平均点を求めなさい。

得点UP

❶ ( )の中・累乗《るいじょう》→乗法・除法→加法・減法　の順に計算する。

❷ 分配法則　(□+○)×△=□×△+○×△，△×(□+○)=△×□+△×○

数の集合／素因数分解

点

合格点：78点／100点

1

自然数の集合，整数の集合，数全体の集合のそれぞれについて，加法，減法，乗法，除法の計算がその集合の中だけでいつでもできるときは○，そうとはかぎらないときは×を，次の表のア～コに書き入れなさい。　(5点×10)

	加法	減法	乗法	除法
自然数	○	ア	イ	ウ
整数	○	エ	オ	カ
数	キ	ク	ケ	コ

※除法では，0でわることは考えない。

2

次の自然数の中から，素数《そすう》をすべて選び，記号で答えなさい。　(6点)

㋐　1　　㋑　13　　㋒　21　　㋓　49　　㋔　53

3

次の自然数を，素因数分解《そいんすうぶんかい》しなさい。　(7点×4)

(1)　18　　(2)　63

(3)　200　　(4)　588

4

次の数をできるだけ小さい数でわって，ある数の2乗にするにはどんな数でわればよいか求めなさい。　(8点×2)

(1)　126　　(2)　300

得点UP

1　具体的な数を使って，計算ができるかどうかを調べる。

2　素数は，1とその数のほかに約数がない自然数である。

月　　日

2　文字と式

積・商の表し方／式の値

点

合格点：74 点／100 点

1 次の式を，文字式の表し方にしたがって表しなさい。 (7点×4)

(1) $x\times(-1)\times y$　　(2) $3y\div8$

(3) $a\times a\div b\times(-7)$　　(4) $x\times x-4\div y$

2 次の式を，×や÷の記号を使って表しなさい。 (7点×2)

(1) $6a^2b$　　(2) $\dfrac{x-2}{5}$

3 次の数量を，文字を使った式で表しなさい。 (8点×2)

(1) 1冊a円のノートを5冊買って，1000円出したときのおつり

(2) 8kmの道のりを，時速$x$kmで歩くときにかかる時間

4 $x=4$のとき，$-3x+5$の値《あたい》を求めなさい。 (8点)

5 $x=-3$のとき，$-2x^2$の値を求めなさい。 (8点)

6 $x=\dfrac{1}{6}$のとき，$12x+7$の値を求めなさい。 (8点)

7 $x=2$，$y=-1$のとき，次の式の値を求めなさい。 (9点×2)

(1) $-\dfrac{x}{2}-3y$　　(2) $5x+4y^2$

得点UP

1 同じ文字の積は，**累乗の指数《しすう》**を使って表す。(例)$x\times x=x^2$

5 **7** 負の数はふつう(　)**をつけて**代入する。

月　　日

点

合格点：79 点 ／ 100 点

文字式の計算①

1 次の計算をしなさい。

（4点×6）

(1) $6a+2a$

(2) $10x-3x$

(3) $3y+8+4y$

(4) $2a-3-5a+9$

(5) $-3x+2-8-5x$

(6) $a+\frac{3}{5}-\frac{3}{7}a-1$

2 次の計算をしなさい。

（7点×8）

(1) $4a+(2a-1)$

(2) $5x-(7+9x)$

(3) $(a+7)+(8a-2)$

(4) $(-5x+2)-(3x-7)$

(5) $(6a-3)+(8-9a)$

(6) $(4x-2)-(5+4x)$

(7) $(a-3)+(1.4-0.4a)$

(8) $\left(\frac{2}{9}x+\frac{1}{2}\right)-\left(\frac{2}{3}x-\frac{1}{7}\right)$

3 次の計算をしなさい。

（5点×4）

(1) $4y\times7$

(2) $-8a\times\left(-\frac{1}{4}\right)$

(3) $56x\div(-8)$

(4) $-4a\div\frac{2}{5}$

得点UP

❶ (4)**文字の項《こう》どうし，数の項どうし**をそれぞれまとめる。

❷ (2)−(　)は，かっこの中の**各項の符号を変えて**，かっこをはずす。

No. 29

文字式の計算②

月　　日

点

合格点：75 点／100 点

1　次の計算をしなさい。　(7点×6)

(1) $3(5a-7)$　　(2) $(3x-8)\times(-6)$

(3) $20\left(\dfrac{x}{4}-\dfrac{3}{5}\right)$　　(4) $(5x+30)\div5$

(5) $(-14a+56)\div(-7)$　　(6) $(2a-6)\div\left(-\dfrac{2}{7}\right)$

2　次の計算をしなさい。　(8点×6)

(1) $a+4(2a-3)$　　(2) $2(3x-4)+3(3x+2)$

(3) $4(3b+2)-5(4b-3)$　　(4) $\dfrac{1}{2}(6x-10)-\dfrac{2}{3}(3x+12)$

(5) $\dfrac{x-4}{3}\times12$　　(6) $-18\times\dfrac{-5x+3}{9}$

3　1辺が a cm の立方体の体積 V cm^3 を求める公式をつくりなさい。　(10点)

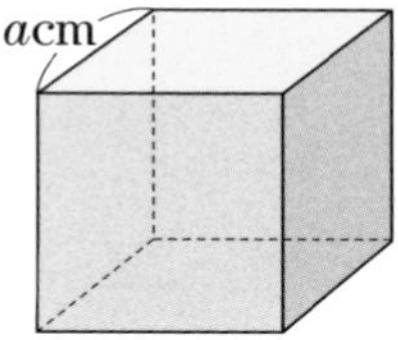

得点UP

2 (1)**かっこをはずし**，文字の項，数の項をそれぞれまとめる。
(5)まず，**分母とかける数とで約分**する。

関係を表す式／方程式

月　日

点

合格点：80点／100点

1 次の数量の関係を，等式《とうしき》または不等式《ふとうしき》で表しなさい。（8点×3）

(1)　90 cm のテープから x cm のテープを5本切り取ったら，y cm 残った。

(2)　a kmの道のりを時速4 km で歩いたら，かかった時間は b 時間以上だった。

(3)　1本 x 円の鉛筆《えんぴつ》6本と150円のノートを買って500円出したら，おつりがあった。

2 次の方程式《ほうていしき》のうち，2が解《かい》であるものを選び，記号で答えなさい。（12点）

㋐　$4x-2=10$　　㋑　$-3x=6$　　㋒　$x+4=-2x+10$

3 次の方程式を解きなさい。（8点×8）

(1)　$x+5=12$

(2)　$x-4=-7$

(3)　$-6x=4$

(4)　$-\frac{x}{3}=-3$

(5)　$x+1.4=-0.6$

(6)　$0.5x=-8$

(7)　$x-\frac{4}{9}=\frac{5}{9}$

(8)　$\frac{3}{7}x=-6$

得点UP

❷ $x=2$ を代入して，**左辺＝右辺**　となるものをさがす。

❸ 等式の性質を利用して，**「x＝～」の形**に変形する。

月　日

方程式の解き方

点

合格点：80点／100点

1 次の方程式を解きなさい。

(6点×6)

(1) $4x+5=13$

(2) $-2x=4x-6$

(3) $6x-7=4x+5$

(4) $x+9=9x-7$

(5) $3x+16=2-4x$

(6) $-7x-12=3x+18$

2 次の方程式を解きなさい。

(8点×4)

(1) $2(x-4)+3=9$

(2) $2x-3(3x+4)=9$

(3) $5x+3=4(2x-3)$

(4) $2(5x+6)=5(3-x)$

3 次の方程式を解きなさい。

(8点×4)

(1) $0.7x-1=0.3x+1.4$

(2) $0.4(3x+5)=0.4x-2$

(3) $\frac{1}{2}x-\frac{2}{5}=\frac{4}{5}x-1$

(4) $\frac{x-3}{4}=\frac{5x+6}{6}$

得点UP

❶ まず，x **をふくむ項は左辺**に，**数の項は右辺**に移項《いこう》して，「$ax=b$」**の形**にする。

❷ 分配法則を利用して，**かっこをはずしてから**解く。

方程式の応用

1 次の比《ひ》例《れい》式《しき》で，x の値を求めなさい。（10点×2）

(1)　$32:24=x:6$

(2)　$(x-8):x=15:27$

2 次の x についての方程式の解が -2 のとき，a の値を求めなさい。（10点×2）

(1)　$2x+a=2$

(2)　$-5x+a=4x-a$

3 1000円持って買い物に行き，同じ値段のノート3冊と500円の本を買ったら，140円残った。ノート1冊の値段を求めなさい。（20点）

4 体育館に並べた長いすに，生徒全員がすわる。いす1脚《きゃく》に3人ずつすわることにすると，12人の生徒がすわれない。そこで1脚に4人ずつすわったら，いすがちょうど32脚余った。いすは全部で何脚あるか求めなさい。（20点）

5 兄と弟の2人で，母に3000円の品物をプレゼントすることにした。兄と弟が出し合う金額の比が7：5になるようにしたいと思う。兄が出す金額はいくらになるか求めなさい。（20点）

得点UP

4　いすの数を x 脚として，生徒数を2通りの式に表して解くとよい。

5　2人が出す金額の合計は，$7+5=12$ とみることができる。

月　　日

比例

点

合格点：80点／100点

1　次の①～③について，y を x の式で表しなさい。また，y が x に比例するものをすべて選び，番号で答えなさい。（10点×4）

①　1辺が x cmの正方形の周の長さを y cmとする。

②　6mの針金を x 等分したとき，等分した1本分の長さを y mとする。

③　100gあたり250円の肉 x gの代金を y 円とする。

2　次の問いに答えなさい。（10点×2）

(1)　y は x に比例し，$x=-2$ のとき $y=8$ である。y を x の式で表しなさい。

(2)　y は x に比例し，$x=6$ のとき $y=4$ である。$x=-9$ のときの y の値を求めなさい。

3　160L入る空《から》の水そうに，毎分4Lの割合でいっぱいになるまで水を入れる。水を入れはじめてから x 分後の水の量を y Lとするとき，次の問いに答えなさい。（10点×4）

(1)　y を x の式で表しなさい。

(2)　水そうに水が60L入るのは，水を入れはじめてから何分後か求めなさい。

(3)　x，y の変域《へんいき》を，それぞれ求めなさい。

得点UP

❶　2つの変数《へんすう》x，y の関係が，$\boldsymbol{y=ax}$（$\boldsymbol{a}$ **は比例定数《ていすう》**）の形で表せるものは，**比例**といえる。

❸　(3)変数のとりうる値の範囲《はんい》を，その変数の**変域**といい，**不等号**を使って表す。

月　日

比例のグラフ

点

合格点：76 点／100 点

1　次の問いに答えなさい。（10点×4）

(1)　右の図で，点A，B，Cの座《ざ》標《ひょう》を求めなさい。

(2)　右の図のグラフは，比例のグラフである。
y を x の式で表しなさい。

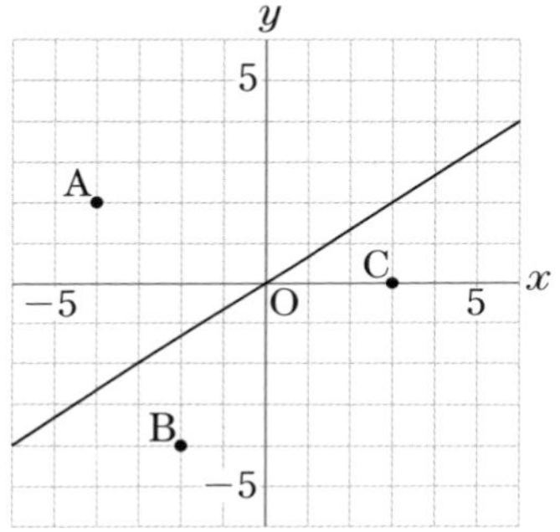

2　次の(1)〜(3)のグラフを，右の図にかきなさい。（12点×3）

(1)　$y=x$

(2)　$y=\frac{5}{3}x$

(3)　点(9，−3)を通る比例のグラフ

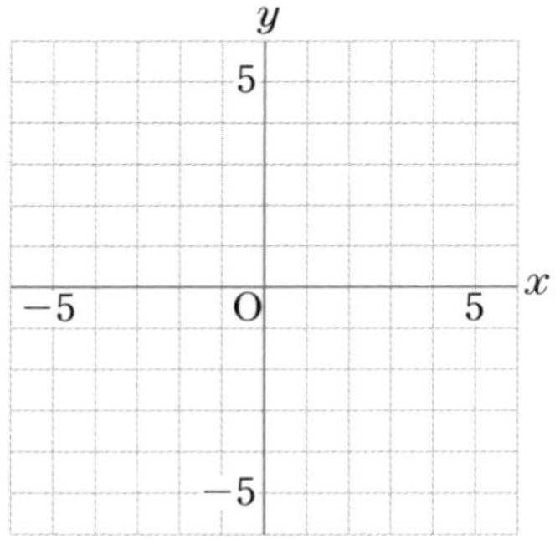

3　右のグラフは，ある固体の体積 x cm³ と重さ y g の関係を表したものの一部である。これについて，次の問いに答えなさい。（12点×2）

(1)　y を x の式で表しなさい。

(2)　この固体150gの体積を求めなさい。

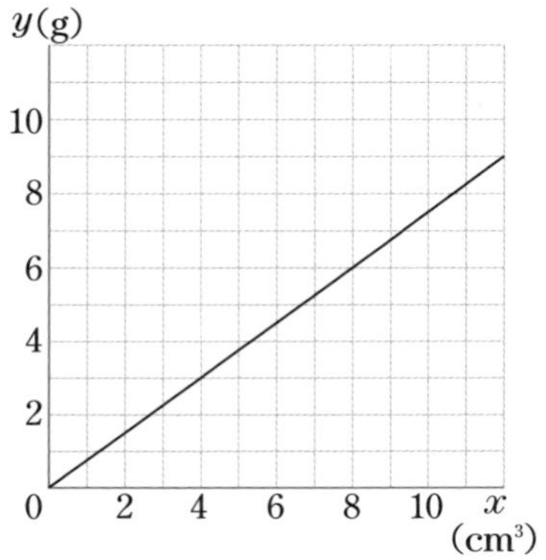

得点UP

2　(3)まず，y を x の式で表す。

3　(1) $y=ax$ に**通る点の座標の値を代入**し，a の値を求めて式に表す。

反比例

月　　日

点

合格点：80点／100点

1 次の①〜③について，y を x の式で表しなさい。また，y が x に反比例するものをすべて選び，番号で答えなさい。　(8点×4)

① 底面が1辺4cmの正方形で，高さが x cmの直方体の体積を $y\,\mathrm{cm}^3$ とする。

② 36kmの道のりを，時速 x kmで進むと，y 時間かかる。

③ 200L入る水そうに毎分 x Lずつ水を入れるとき，いっぱいになるまでに y 分間かかる。

2 次の①，②で，y は x に反比例している。下の問いに答えなさい。　(8点×6)

①

x	㋐	-1	2	5	
y	-4	-8	4	㋑	

②

x	㋒	-2	3	10	
y	3	6	-4	㋓	

(1) それぞれ，y を x の式で表しなさい。

(2) 表の㋐〜㋓にあてはまる数を求めなさい。

3 次の問いに答えなさい。　((1)8点，(2)12点)

(1) 右は反比例のグラフである。y を x の式で表しなさい。

(2) 右の図に，$y=-\dfrac{6}{x}$ のグラフをかきなさい。

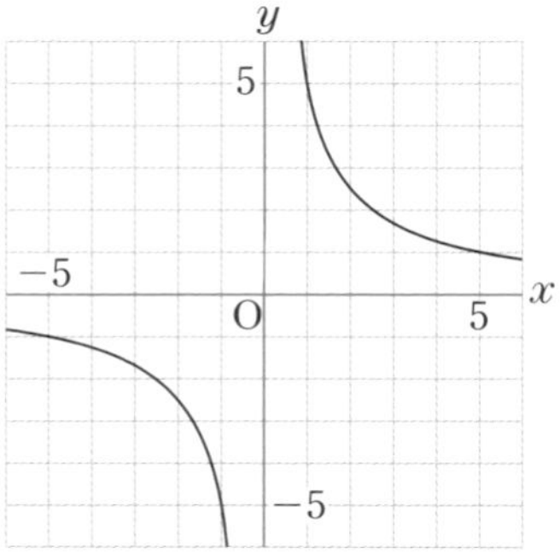

得点UP

2 (1) $y=\dfrac{a}{x}$ とおき，対応する x と y の値を代入して，比例定数 a を求めて式に表す。

直線と角／円

月　　日

点

合格点：78 点／100 点

1　右の図の長方形ABCDについて，次の問いに答えなさい。（12点×4）

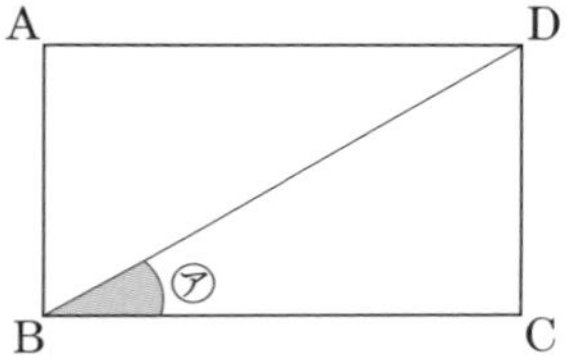

(1)　次のことがらを，記号を使って表しなさい。

①　線分ADとBCの長さは等しい。

②　線分ABとDCは平行である。

③　線分ABとADは垂直である。

(2)　㋐の角を，角の記号とB，C，Dの文字を使って表しなさい。

2　次の□にあてはまることばや記号を書きなさい。（10点×3）

(1)　円周上の2点をA，Bとするとき，A，Bを結ぶ線分を□ABという。

(2)　円周上の2点A，Bで，AからBまでの円周の部分を□ABといい，

記号を使って□と表す。

3　右の図について，次の問いに答えなさい。（11点×2）

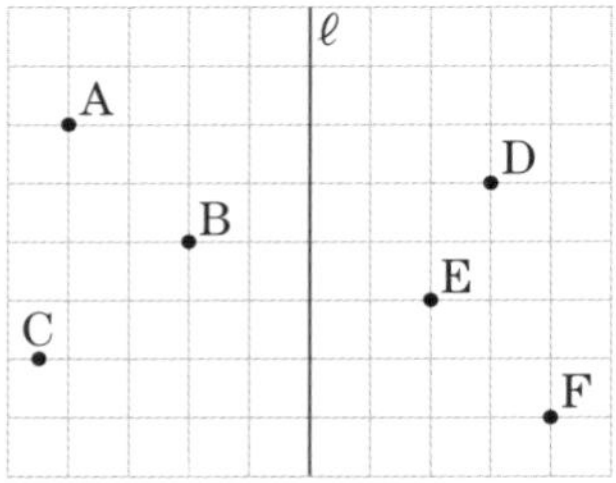

(1)　点B～Fについて，点Aからの距離《きょり》が最も長い点を答えなさい。

(2)　点A～Fのうち，直線ℓからの距離が最も長い点を答えなさい。

得点UP

❶　(2)角の頂点を表す文字をまん中に書く。

作図／図形の移動／円とおうぎ形

月　　日

点

合格点：80点／100点

1　右の図の△ABCで，次の作図をしなさい。（15点×2）

(1)　∠Bの二等分線

(2)　辺BCを底辺とするときの高さAH

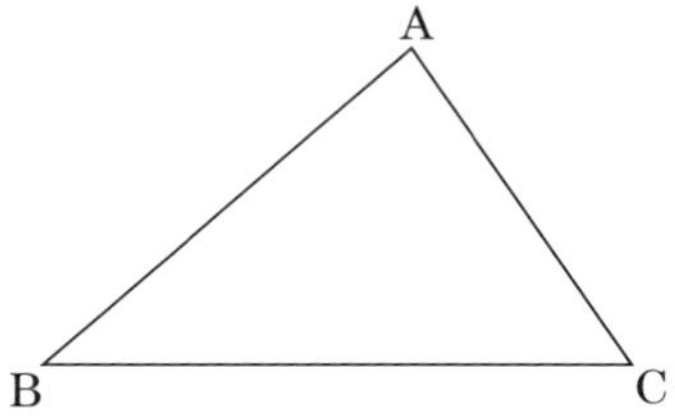

2　右の図の直線ℓ上にあって，2点A，Bから等しい距離にある点Pを，作図によって求めなさい。（20点）

3　右の図の△ABCを次の①，②の順で移動させたときの，それぞれの図をかきなさい。（10点×2）

①　点Oを回転の中心として，180°回転移動させる。

②　直線ℓを対称《たいしょう》の軸《じく》として，対称移動させる。

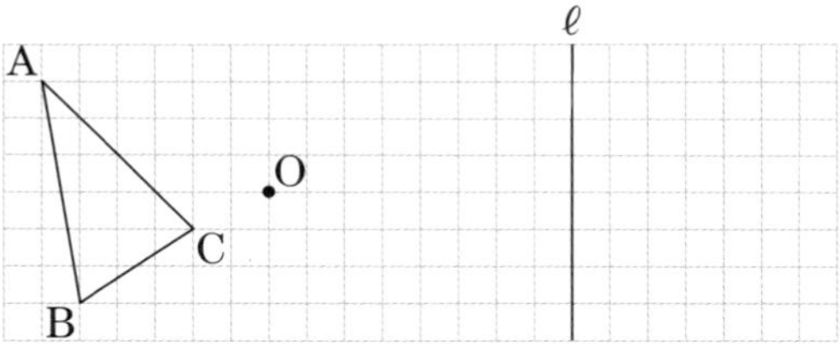

4　右の図のおうぎ形の，弧《こ》の長さと面積を求めなさい。ただし，円周率はπとする。（15点×2）

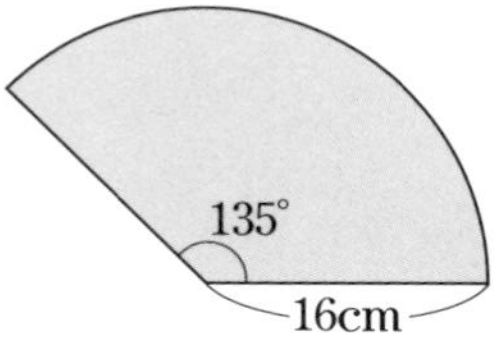

得点UP

2　2点から等しい距離にある点は，2点を結んだ線分の**垂直二等分線上**にある。

4　おうぎ形の弧の長さや面積は，**中心角に比例**する。

空間における平面と直線

月　日

点

合格点：74 点／100 点

1

次の㋐～㋔の立体について，下の問いに記号で答えなさい。　((1)6点×2，(2)(3)12点×2)

㋐　三角柱	㋑　三角錐《すい》	㋒　四角錐	㋓　円柱	㋔　円錐

(1)　右の①，②の立体の名称《めいしょう》をそれぞれ選びなさい。

①
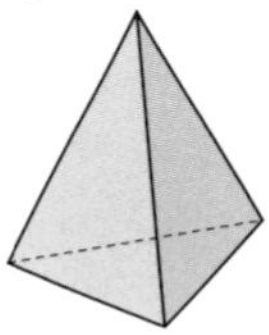

②
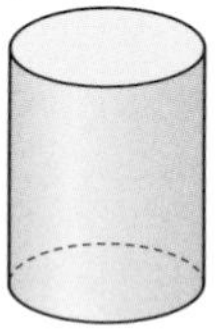

(2)　多面体をすべて選びなさい。

(3)　五面体をすべて選びなさい。

2

右の三角柱について，次にあてはまる辺や面をすべて答えなさい。　(12点×3)

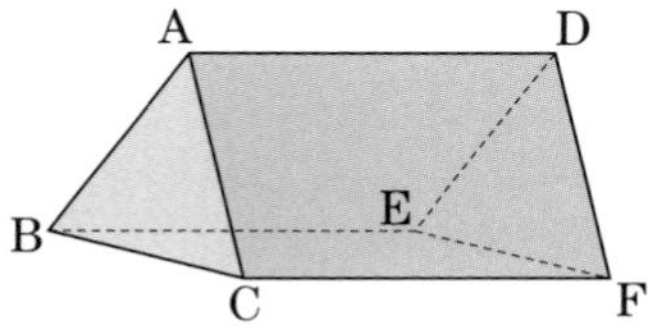

(1)　辺ABと垂直に交わる辺

(2)　辺ADとねじれの位置にある辺

(3)　面ABCと垂直な面

3

次の㋐～㋓で，空間内の直線や平面について，いつも正しいといえるものを2つ選び，記号で答えなさい。　(14点×2)

㋐　1つの平面に垂直な2つの直線は平行である。

㋑　1つの直線に平行な2つの平面は平行である。

㋒　1つの平面に垂直な2つの平面は平行である。

㋓　1つの直線に垂直な2つの平面は平行である。

得点UP

❷ (2)平行でなく，交わらない2直線は，**ねじれの位置**にあるという。

立体のいろいろな見方

月　　日

点

合格点：76 点／100 点

1　次の図形を，その面に垂直な方向に一定の距離だけ動かしたときにできる立体の名称を答えなさい。

（10点×2）

(1)　五角形　　　(2)　円

2　次の(1)～(3)の図形を，それぞれ直線ℓを軸として1回転させたときにできる立体を，下の㋐～㋔から選んで記号で答えなさい。

（12点×3）

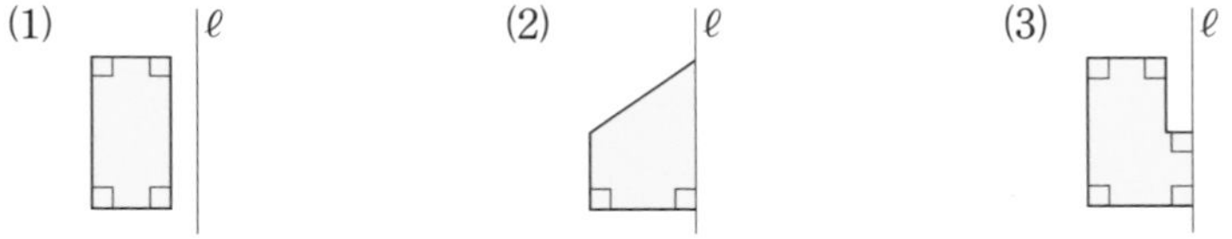

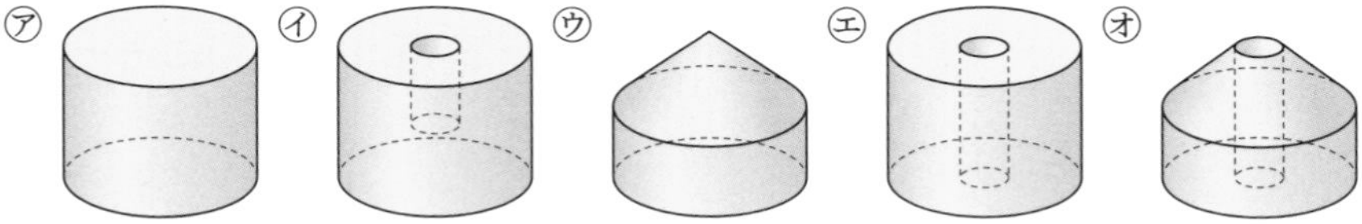

3　右の図は四角柱の展開図である。この展開図をもとにして四角柱を組み立てたとき，面Aと垂直になる面，平行になる面を，それぞれすべて答えなさい。

（12点×2）

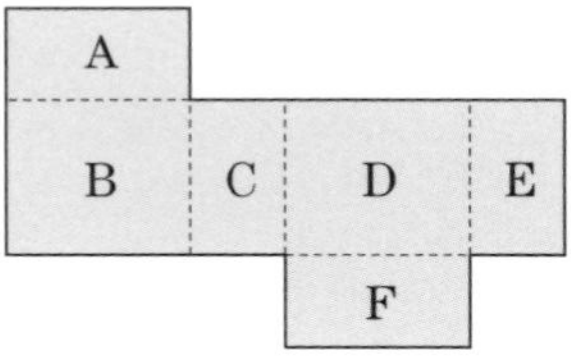

4　右の図は，ある立体の投《とう》影《えい》図《ず》である。次の㋐～㋓のうちのどの立体の投影図と考えられるか。考えられるものを2つ選び，記号で答えなさい。

（10点×2）

㋐　三角柱　　㋑　三角錐　　㋒　四角錐　　㋓　円柱

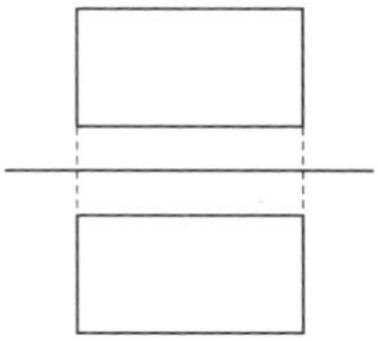

得点UP

2　1つの直線を軸として，平面図形を1回転させてできる立体を，**回転体**という。

4　角柱や円柱を横にたおしてみると，平面図は長方形になる。

月　日

立体の体積と表面積

点

合格点：74 点／100 点

※以下の問題では，円周率をπとする。

1 右の図の三角柱の体積と表面積を求めなさい。

（13点×2）

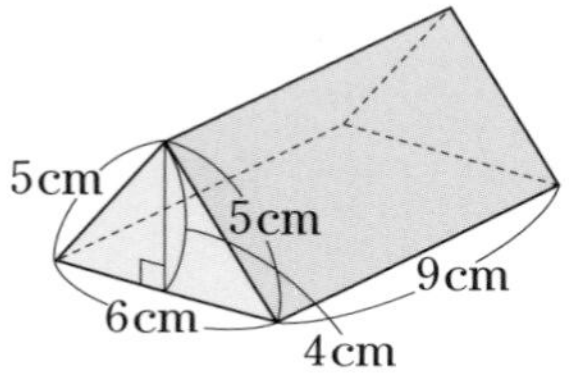

2 右の図の円柱の体積と表面積を求めなさい。

（13点×2）

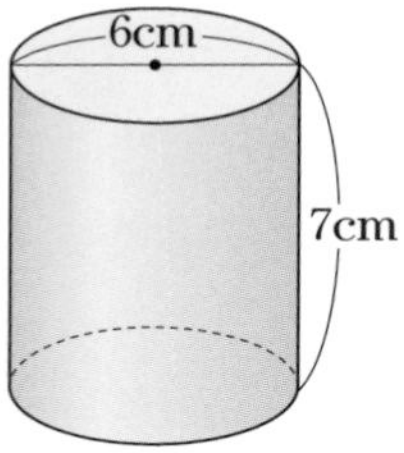

3 右の図の円錐の体積と表面積を求めなさい。

（13点×2）

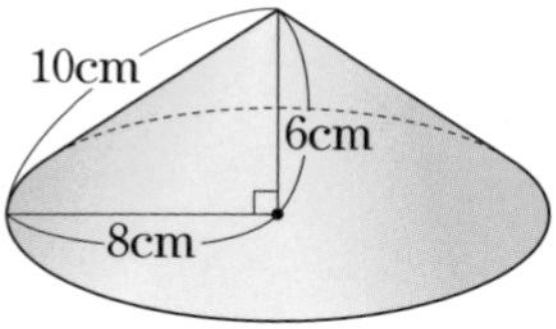

4 右の図の球の体積と表面積を求めなさい。

（11点×2）

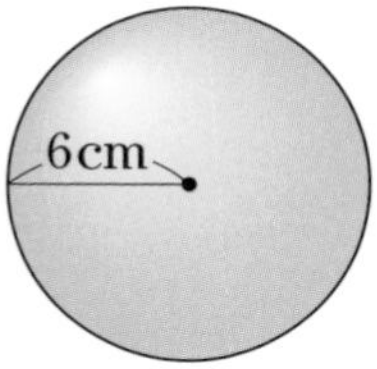

得点UP

1 角柱の表面積＝**側面積＋底面積×2**　　**3** 円錐の体積　$V=\frac{1}{3}Sh$　〔S：底面積，h：高さ〕

データの活用

月　　日

点

合格点：70 点／100 点

1

右の表は，1年生男子25人の握力《あくりょく》を調べ，度《ど》数《すう》分《ぶん》布《ぷ》表《ひょう》に整理したものである。次の問いに答えなさい。　((1)4点×5，(2)～(6)10点×5)

握力の記録

階級(kg)	階級値(kg)	度数(人)	階級値×度数
以上　未満 20～25	22.5	4	90
25～30	27.5	6	165
30～35	㋐	8	260
35～40	37.5	5	㋒
40～45	㋑	2	㋓
合計		25	㋔

(1)　表の㋐～㋔にあてはまる数を答えなさい。

(2)　握力が35kg未満の生徒は何人ですか。

(3)　25kg以上30kg未満の階級の累《るい》積《せき》相《そう》対《たい》度《ど》数《すう》を求めなさい。

(4)　最《さい》頻《ひん》値《ち》を求めなさい。

(5)　平《へい》均《きん》値《ち》を求めなさい。

(6)　右の図にヒストグラムと度数折《お》れ線《せん》をかきなさい。

握力の記録

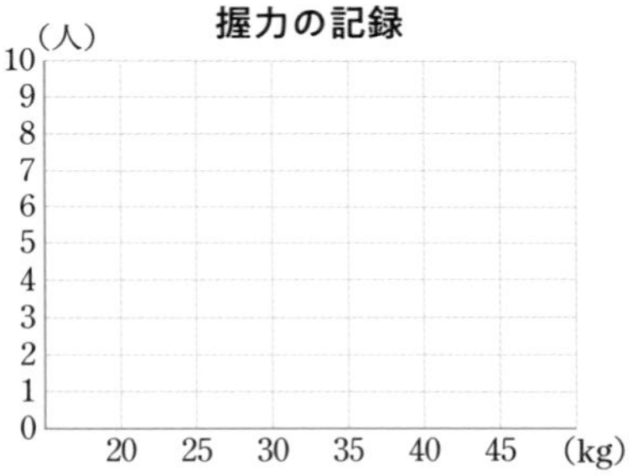

2

右の表は，あるびんのふたを投げて表が出た回数をまとめたものです。次の問いに答えなさい。　(10点×3)

回数	100	500	1000	1500
表が出た回数	41	210	433	648

(1)　表と裏ではどちらが出やすいといえますか。

(2)　表が出る相対度数は，どのような値に近づきますか。小数第3位を四捨五入して小数第2位まで求めなさい。

(3)　(2)の結果から，5000回投げたとき，表は何回出ると考えられますか。

得点UP

1 (5)平均値＝$\frac{(階級値×度数)の合計}{度数の合計}$

総復習テスト（数学）

月　　日

点

目標時間：20分　　合格点：80点／100点

1 次の問いに答えなさい。（3点×2）

(1) 0，-1.2，-2 の大小を，不等号を使って表しなさい。

(2) 絶対値が4より小さい整数を，小さいほうから順にすべて答えなさい。

2 次の計算をしなさい。（4点×4）

(1) $3-7+12$

(2) $-9-(-5)+(-8)+6$

(3) $\left(-\dfrac{3}{4}\right)^2\times\dfrac{6}{7}\div\left(-\dfrac{9}{14}\right)$

(4) $6^2\div(-3)+4\times(-2)^2$

3 $x=-5$ のとき，$2x+x^2$ の値を求めなさい。（4点）

4 次の計算をしなさい。（4点×4）

(1) $(a-4)-(7a-5)$

(2) $(-3x+6)\div\left(-\dfrac{3}{5}\right)$

(3) $-15\times\dfrac{2x-3}{3}$

(4) $4(3x-2)+5(-3x+2)$

5 次の方程式を解きなさい。(4)は，x の値を求めなさい。（4点×4）

(1) $5x-2=8x+7$

(2) $7(2x-1)-8x=-3$

(3) $\dfrac{2}{5}x-1=\dfrac{2x+1}{3}$

(4) $12:x=21:28$

裏面へ

6 次の自然数を，素因数分解しなさい。 （3点×2）

(1) 168　　(2) 540

7 1枚50円のシールと1枚80円の色紙をあわせて8枚買ったら，代金の合計が490円になった。シールと色紙をそれぞれ何枚買ったか求めなさい。 （5点）

8 次の(1)，(2)について，y を x の式で表しなさい。 （4点×2）

(1) y は x に比例し，$x=-4$ のとき $y=6$ である。

(2) y は x に反比例し，$x=-4$ のとき $y=6$ である。

9 右の図の正六角形ABCDEFで，点Oは対角線の交点である。次の問いに答えなさい。 （4点×2）

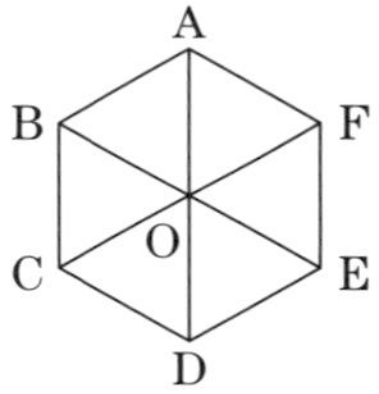

(1) △ABOを平行移動させたときに重なる三角形をすべて答えなさい。

(2) △OCDを対称移動させて△OAFに重ねるとき，対称の軸となる直線を答えなさい。

10 右の図の△ABCは正三角形である。この図に∠ABD＝105°となる直線BDを作図しなさい。ただし，点Dは辺BCの下側にあるものとする。 （5点）

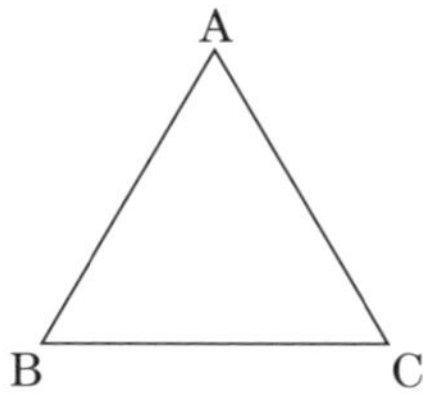

11 右の図の円錐の体積と表面積を求めなさい。ただし，円周率は π とする。 （5点×2）

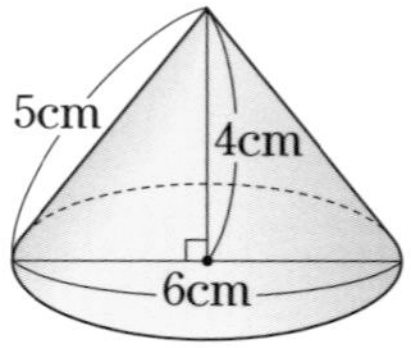

漢字の読み・書き①

月　日

点

合格点：80点／100点

1 次の太字の漢字の読み仮名《がな》を書きなさい。（5点×10）

(1) 両手を水に**浸**す。

(2) 扉《とびら》の錠《じょう》に**鎖**をかける。

(3) ボールがよく**弾**む。

(4) **隣**の家の人に会う。

(5) 大空を**仰**ぐ。

(6) 色に**濃淡**をつける。

(7) **鮮烈**な印象を与《あた》える。

(8) **鋭敏**な感覚の持ち主。

(9) **含蓄**のある言葉。

(10) 士気を**鼓舞**する。

2 次の太字の片仮名を漢字で書きなさい。（5点×10）

(1) 栄養を**オギナ**う。

(2) 伝統を**キズ**く。

(3) 委員長を**ツト**める。

(4) **ケワ**しい山道を登る。

(5) 文化祭で**ゲキ**を行う。

(6) **ミンシュウ**が集まる。

(7) 作品を**ヒヒョウ**する。

(8) **ハイユウ**の演技が光る。

(9) **コクモツ**の価格の上昇《じょうしょう》。

(10) **ケイサツショ**に行く。

得点UP

1 (3)「弾」には、ほかに「**弾**《ひ》**く**」「**弾**《たま》」という訓読みがあるので注意。

2 (3)「ツトめる」は、**同訓異字**に注意。(4)「ケワしい」は、**同じ部分をもつ漢字**に注意。

漢字の読み・書き②

月　日

点

合格点：80点／100点

1 次の太字の漢字の読み仮《が》名《な》を書きなさい。（5点×10）

(1) 要求を**退**ける。（　　）

(2) 成長が**著**しい。（　　）

(3) 事件の真相を**捉**える。（　　）

(4) 商品の発送が**滞**る。（　　）

(5) 市民の参加を**促**す。（　　）

(6) 任地に**赴**く。（　　）

(7) **緩急**自在に球を投げる。（　　）

(8) 参加人数を**把握**する。（　　）

(9) 任務を**遂行**する。（　　）

(10) 試合の**均衡**が破れる。（　　）

2 次の太字の片仮名を漢字で書きなさい。（5点×10）

(1) 朝日を**アビ**る。（　　）

(2) 社会生活を**イトナ**む。（　　）

(3) **ココロヨ**く引き受ける。（　　）

(4) 寒さが**キビ**しくなる。（　　）

(5) 荷物を**アズ**ける。（　　）

(6) 知的**ザイサン**の保護。（　　）

(7) 個性を**ソンチョウ**する。（　　）

(8) 土地を**バイバイ**する。（　　）

(9) 改革の**コンカン**をなす。（　　）

(10) 企《き》業《ぎょう》が**キョウサン**する。（　　）

得点UP

❶ (3)「捉」と(5)「促」の音読みはどちらも「ソク」。「捕《ほ》捉《そく》」「催《さい》促《そく》」のように使う。

❷ (9)「コンカン」の「カン」は、同じ部分をもつ「**乾**」との形の違《ちが》いに注意。

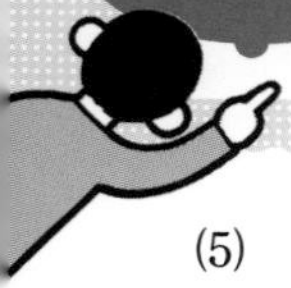

漢字の成り立ち／部首・画数

月　日

点

合格点：80点／100点

1 次の漢字の成り立ちを□から選び、記号で答えなさい。（4点×6）

(1) 休（　　）
(2) 鳥（　　）
(3) 洋（　　）
(4) 上（　　）
(5) 鳴（　　）
(6) 頭（　　）

ア 象形　イ 指事　ウ 会意　エ 形声

2 次の漢字の部首を□に書き、総画数を算用数字で（　）に書きなさい。（4点×10）

(1) 敬　□・（　　）画
(2) 窓　□・（　　）画
(3) 聞　□・（　　）画
(4) 痛　□・（　　）画
(5) 雑　□・（　　）画

3 次の漢字の部首名を平仮名《ひらがな》で書きなさい。（3点×4）

(1) 認（　　）
(2) 頂（　　）
(3) 熟（　　）
(4) 密（　　）

4 次の漢字の部首（黒い部分）が表す意味を□から選び、記号で答えなさい。（4点×6）

(1) 茂（　　）
(2) 階（　　）
(3) 汗（　　）
(4) 刺（　　）
(5) 従（　　）
(6) 快（　　）

ア 刀　イ 道・行く　ウ 水
エ 心　オ 丘《おか》・盛《も》り土　カ 植物

得点UP
❷ (2)「窓」と(3)「聞」は、部首を間違《まちが》えやすい漢字なので注意。
❹ 部首は漢字の意味と関係する部分なので、漢字の意味から部首の意味を考えてもよい。

月　日

点

合格点：80点／100点

言葉の単位

1 言葉の単位を小さい順に並べたとき、次の（　）に入る言葉の単位を書きなさい。（6点×2）

・単語→（　　）→文→段落→（　　）

2 次の各組のうち、文節の区切り方が正しいものを選び、記号で答えなさい。（6点×2）

(1)
ア 弟が家に／帰ってきた。
イ 弟が／家に／帰ってきた。
ウ 弟が／家に／帰って／きた。
（　　）

(2)
ア 僕《ぼく》の／好きな／色は／青です。
イ 僕の／好きな色は／青です。
ウ 僕の／好きな／色は／青／です。
（　　）

3 次の中から、一単語の言葉を四つ選び、記号で答えなさい。（5点×4）

ア 泣き顔　イ 安い服
ウ 大笑い　エ 高速道路
オ 寝《ね》ている　カ 君と僕
キ 手作り　ク 手に余る

（　　）・（　　）・（　　）・（　　）

4 次の各文を、例のように文節に分けなさい。（完答7点×4）

例 わたしは／プールで／泳ぐ。

(1) 大きな木がある。

(2) 父と母が買い物に行く。

(3) 読み終えた本を返してきた。

(4) 妹は今日風《か》邪《ぜ》で学校を休んだ。

5 次の各文を、例のように単語に分けなさい。（完答7点×4）

例 犬／が／野原／を／駆《か》ける。

(1) 洗面所で手を洗う。

(2) 新しい服を買った。

(3) 今日はずっと家で勉強する。

(4) 友達が忘れ物を届けてくれた。

得点UP

2 文節の区切りには、「白い（ネ）犬が（サ）いる（ヨ）」のように、「ネ・サ・ヨ」などが入れられる。

3 **複合語**や、**接頭語**・**接尾《せつび》語**が付いた言葉も、一単語であることに注意。

月　日

点

合格点：80点／100点

文の組み立て

1 次の各文の主語には――を、述語には〰〰を右側に引きなさい。（完答6点×3）

(1) 今日、僕《ぼく》は先生に褒《ほ》められました。

(2) 母の誕生日に、父がご飯を作る。

(3) 寒くなってきて、冬も間近だ。

2 次の――の修飾《しゅうしょく》語が修飾している文節を、それぞれ書き抜《ぬ》きなさい。（6点×2）

(1) 青空に小さく白い飛行機が見える。

(2) 必ずしも人に相談する必要はないと思う。

(1)（　　）　(2)（　　）

3 次の各文の接続語には――を、独立語には＝＝を右側に引きなさい。（5点×4）

(1) 窓を開けた。すると、風が入ってきた。

(2) あれ、どこかおかしいですね。

(3) 晴れならば、予定通り出かけよう。

(4) 三月五日、その日は妹の誕生日だった。

4 次の――の文の成分を、ア～オから選び、記号で答えなさい。（6点×5）

(1) よく考えてみると、変な点がある。（　　）

(2) わたしの趣味《しゅみ》は、読書と水泳です。（　　）

(3) 生徒の皆《みな》さん、初めまして。（　　）

(4) 昨日は、担任の先生が休んだ。（　　）

(5) 校庭の隅《すみ》の木陰《こかげ》で本を読んだ。（　　）

ア　主部　　イ　述部　　ウ　修飾部
エ　接続部　　オ　独立部

5 次の――と＝＝の文節の関係は、ア並立とイ補助のどちらか。記号で答えなさい。（5点×4）

(1) 父と母が行く。　(2) 弟がやってみる。

(3) 仕上がりはあまりよくない。

(4) この店は安くてうまいので、人気がある。

(1)（　　）　(2)（　　）　(3)（　　）　(4)（　　）

得点UP

1 (3)　主語は、「～が」「～は」**の形だけとは限らない**ことに注意。

3 (3)　文の成分の接続語は、一単語とは限らない。二単語以上の**一文節**の場合もあることに注意。

指示語・接続語

月　　日

点

合格点：80点／100点

1 次の各文から、指示語をすべて書き抜《ぬ》きなさい。（完答10点×3）

(1) ここから百メートル行くと、その店がある。（　　　）

(2) あちらにそう言われたので、それに従いました。（　　　）

(3) 彼女《かのじょ》は、どこであんな服を買ったのだろう。（　　　）

2 次の――の指示語が指す内容を、一単語で書き抜きなさい。（6点×3）

(1) 友達が公園にいるので、僕《ぼく》も今からそこへ行く。（　　　）

(2) いちばん上の棚《たな》に帽子《ぼうし》が見えますよね。あれを取ってください。（　　　）

(3) 彼《かれ》は「つまらない。」とだけ言った。そう言われては仕方がない。（　　　）

3 次の――の接続語と似た働きをもつ接続語を〔　〕から選び、記号で答えなさい。（8点×2）

(1) さらに、砂糖を加えます。（　　　）

(2) では、次の説明を始めます。（　　　）

〔**ア**　ところが　**イ**　ところで　**ウ**　そのうえ　**エ**　または〕

4 次の各文の（　）に入る接続語を、〔　〕から選んで書きなさい。（9点×4）

(1) 走った。（　　　）、間に合わなかった。

(2) 走った。（　　　）、間に合った。

(3) 今度は遊園地に行こうか。（　　　）、動物園に行こうか。

(4) とても疲《つか》れた。（　　　）、一日じゅう働いたからだ。

〔それとも　だから　なぜなら　しかし〕

得点UP

1 指示語は、頭に「こ・そ・あ・ど」が付くので、「**こそあど言葉**」ともよばれる。

4 (1)・(2)は、（　）の前は同じで、あとの部分が**逆の内容**になっていることに注目。

小説①

点

合格点：80点／100点

1 次の文章を読んで、あとの問いに答えなさい。

親譲《おやゆず》りの無鉄砲《むてっぽう》で子供の時から損ばかりしている。小学校にいる時分《じぶん》学校の二階から飛び降りて一週間ほど腰《こし》を抜《ぬ》かしたことがある。①なぜそんな無闇《むやみ》をしたと聞く人があるかも知れぬ。べつだん深い理由でもない。新築の二階から首を出していたら、同級生の一人が冗談《じょうだん》に、いくら威張《いば》っても、そこから飛び降りることは出来まい。弱虫やーい。と囃《はや》したからである。小使《こづかい》におぶさって帰って来た時、おやじが大きな眼《め》をして二階ぐらいから飛び降りて腰を抜かす奴《やつ》があるかといったから、②この次は抜かさずに飛んで見せますと答えた。

親類のものから西洋製のナイフをもらってきれいな刃《は》を日に翳《かざ》して、友達に見せていたら、一人が光ることは光るが切れそうもないといった。切れぬことがあるか、何でも切って見せると受け合った。そんなら君の指を切って見ろと注文したから、何だ指くらいこの通りだと右の手の親指の甲《こう》をはすに切り込《こ》んだ。③幸いナイフが小さいのと、親指の骨が堅《かた》かったので、今だに親指は手に付いている。しかし創《きず》痕《あと》は死ぬまで消えぬ。

（夏目漱石《なつめそうせき》「坊《ぼ》っちゃん」〈新潮社《しんちょう》〉より）

(1)　この文章の語り手である人物は、自分の性格をどう思っているか。三字で書き抜きなさい。（20点）

(2)　――①「なぜそんな無闇をした」とあるが、何をしたのか。簡潔に書きなさい。（20点）

（　　　）

(3)　――①「なぜそんな無闇をした」とあるが、その理由を選び、記号で答えなさい。（20点）

ア　二階から飛べると自慢《じまん》したかったから。
イ　父親に情けない奴だと思われたくないから。
ウ　同級生に挑発《ちょうはつ》されてむきになったから。
エ　小使が助けてくれるとわかっていたから。

（　　　）

(4)　――②のように答えたことから、どんな性格が読み取れるか。記号で答えなさい。（20点）

ア　素直《すなお》　**イ**　負けず嫌《ぎら》い
ウ　怒《おこ》りっぽい　**エ**　まじめ

（　　　）

(5)　――③の部分は、どんなことを表しているか。次から選び、記号で答えなさい。（20点）

ア　いかに結果を考えない性格かということ。
イ　ひどいことになって懲《こ》りていること。
ウ　自分がとても運がいいこと。
エ　体がとても丈夫《じょうぶ》であること。

（　　　）

得点UP

1　(4)　小説では、登場人物の言動などから**性格や気持ち**を読み取ることが大切。
(5)　前の段落の「二階から飛び降りた」という話題と合わせて考える。

小説②

点

合格点：80点／100点

1　次の文章を読んで、あとの問いに答えなさい。

　おやじはちっとも①おれを可愛《かあい》がってくれなかった。母は兄ばかりひいきにしていた。この兄はやに色が白くって、芝居《しばい》の真似《まね》をして女形《おんながた》になるのが好きだった。おれを見る度にこいつはどうせ碌《ろく》なものにはならないと、おやじがいった。乱暴で乱暴で行く先が案じられると母がいった。なるほど碌なものにはならない。ごらんの通りの始末である。行く先が案じられたのも無理はない。ただ懲役《ちょうえき》に行かないで生きているばかりである。

　母が病気で死ぬ二、三日前台所で宙返りをして*へっついの角で肋骨《あばらぼね》をうって大いに痛かった。母がたいそう怒《おこ》って、おまえのようなものの顔は見たくないというから、親類へ泊《とま》りに行っていた。するととうとう死んだという報知《しらせ》が来た。そう早く死ぬとは思わなかった。そんな大病なら、もう少しおとなしくすればよかったと思って帰って来た。そうしたら②例の兄がおれを親不孝だ、③おれのために、おっかさんが早く死んだといった。口惜《くや》しかったから、兄の横《よこ》っ面《つら》を張って大変叱《しか》られた。

（夏目漱石《なつめそうせき》「坊《ぼ》っちゃん」〈新潮社《しんちょう》〉より）

＊へっつい…かまど。

(1)　――①「おれ」の将来について、㋐父と、㋑母がいったことを、書き抜《ぬ》きなさい。（15点×2）

㋐（　　　）

㋑（　　　）

(2)　(1)の㋐父と、㋑母の考えに対して、「おれ」自身の見解が書かれている部分を探し、初めと終わりの六字を書きなさい。（句読点を含《ふく》む。）（各完答15点×2）

㋐ □□□□□□～□□□□□□

㋑ □□□□□□～□□□□□□

(3)　――②「例の兄」の特徴《とくちょう》がわかる文の初めの四字を書き抜きなさい。（10点）

□□□□

(4)　――③「おれのために……死んだ」とあるが、兄はなぜそう思うのか。記号で答えなさい。（15点）

ア　母の肋骨をうったから。

イ　母を見捨てて親類の家へ行ったから。

ウ　病気の母を怒らせたから。

エ　病気の母を見舞《みま》わなかったから。

（　　　）

(5)　この文章から読み取れる「おれ」の性格を次から選び、記号で答えなさい。（15点）

ア　温和　　**イ**　粗暴《そぼう》

ウ　陰険《いんけん》　　**エ**　繊細《せんさい》

（　　　）

得点UP

1　(2)「おれ」は、父と母の考えを受けて、**それぞれに自分の見解**を述べている。

(5)　描《えが》かれている出来事や「おれ」の様子を丁寧《ていねい》に読み、**人物の性格**をとらえることが大切。

随筆《ずいひつ》①

点

合格点：80 点／100 点

1 次の文章を読んで、あとの問いに答えなさい。

　小学校六年生の時だった。家庭科で調理実習の時間というのがあり、「目玉焼き」を習った。五〜六人のグループごとに、コンロが一つ、フライパンが一つ。ジャンケンか何かで順番を決め、一人ずつ挑《ちょう》戦《せん》する。残りの四〜五人から見守られる中、手際《てぎわ》よく焼きあげるのはなかなか難しい。［ A ］している うちにフライパンから煙《けむり》が［ B ］上がったり、白身が［ C ］に焦《こ》げてしまったり……。そのたびににぎやかな笑い声。うまくいけば拍手喝采《はくしゅかっさい》。だんだん自分の番が近づいてくると、［ D ］する。

　私は、小さい時から手先がほんとうに不器用で、①この日は②朝から憂鬱《ゆううつ》だった。うまく焼けるだろうか、という以前の大問題——うまく割れるだろうか、という不安を胸に抱《いだ》きつつ、登校した。

　すき焼きなどで生卵を割るとき、私はよくぐちゃっと黄身をつぶしてしまう。もちろん、③すき焼きなら支障はないのだが、目玉焼きの場合はちょっとまずい。ちょっとどころか、致命《ちめい》的である。ぐちゃっとなったらどうしよう……そればっかり気にしていたら、④昨日は卵の夢を見てしまった。

（俵万智《たわらまち》「りんごの涙《なみだ》」〈文藝春秋《ぶんげいしゅんじゅう》〉より）

(1)　［　］A〜Dに入る、様子を表す言葉を次から選び、それぞれ記号で答えなさい。（10点×4）

ア　チリチリ　　**イ**　ドキドキ

ウ　モタモタ　　**エ**　もうもう

A（　　）　B（　　）　C（　　）　D（　　）

(2)　——①「この日」とは、何をする日か。簡潔に書きなさい。（18点）

（　　　　　　　　）

(3)　——②「朝から憂鬱だった」とあるが、「私」は何を最も心配して憂鬱だったのか。文章中から十字で書き抜きなさい。（14点）

・□□□□□□□□□□ということ。

(4)　——③「すき焼きなら支障はない」のはなぜか。理由を考えて簡潔に書きなさい。（18点）

（　　　　　　　　）

(5)　——④「昨日は……しまった」は、「私」のどんな気持ちを表しているか。適切なものを次から選び、記号で答えなさい。（10点）

ア　期待感　　**イ**　失望感

ウ　不安感　　**エ**　満足感

（　　）

得点UP

1　(2)　指示語は、**直前の内容を指していないこともある**ので注意。

(5)　随筆では、**筆者の独自の表現からも気持ち**を押《お》さえることが大切。

随筆《ずいひつ》②

点

合格点：80点／100点

1 次の文章を読んで、あとの問いに答えなさい。

「私」は、家庭科室で卵を割るのに失敗してみんなに笑われた。母は、「私」に、割り損ねた卵で炒《い》り卵の作り方を教えてくれた。

できたての、ほわほわの、炒り卵。――おいしかった。負け惜《お》しみではなく、目玉焼きよりもずっと。なんだか元気が出てきて、①もう一度やってみようかな、と思う。

「フライパンを火にかけているとあせっちゃうから、まずお茶碗《ちゃわん》に割ってごらん」

不思議なほど、楽な気持ち。②今度は、うまくいった。

「もしここで失敗したら、オムレツにしちゃえばいいの」

ありあわせのハムとミックスベジタブルを混ぜて、その場で母が焼いてくれたオムレツ。③これがまたおいしかった。夢のように。

思えばあれが、母と一緒《いっしょ》に［A］に立って何かを習った最初のことだった。今でも生卵を割るときは、［B］での光景がふっと頭をよぎる。幼い心にうけた傷は深い。が、一方でこのできごとは、料理に興味を持つきっかけにもなった。④卵一個で母が見せてくれた魔法《まほう》。

以来ちょこちょこ台所に入りこんでは、母の手つきを眺《なが》めるようになった。あたりまえに食べていた毎日のおかずが、新鮮《しんせん》に感じられたものである。折にふれ、母はいろいろなことを教えてくれた。

（俵万智《たわらまち》「りんごの涙《なみだ》」〈文藝春秋《ぶんげいしゅんじゅう》〉より）

(1) ――①「もう一度やってみようかな」とは、何をやるのか。十字以内で書きなさい。（句読点を含《ふく》む。）（18点）

(2) ――②「今度は、うまくいった。」とあるが、どんなやり方をしたらうまくいったのか。文章中の言葉を使って書きなさい。（18点）

（　　）

(3) ――③・④に使われている表現技法を二つずつ選び、それぞれ記号で答えなさい。（8点×4）

ア 擬人《ぎじん》法　**イ** 倒置《とうち》法　**ウ** 体言止め
エ 直喩《ちょくゆ》　**オ** 隠喩《いんゆ》

③（　）・（　）　④（　）・（　）

(4) ［A］・［B］に入る場所の名前を次から選び、それぞれ記号で答えなさい。（10点×2）

ア 家庭科室　**イ** 居間　**ウ** 台所

A（　）　B（　）

(5) この文章で筆者が最も書きたかったことを次から選び、記号で答えなさい。（12点）

ア 料理の失敗談。　**イ** 卵料理の作り方。
ウ 幼いころにうけた心の傷。
エ 母に教えてもらったこと。

（　）

得点UP

1 (3) エ「直喩」は、「～ように」「～みたいに」などの言葉を使ってたとえる表現技法のこと。
(5) 随筆では、描《えが》かれている出来事や体験から筆者が伝えようとしていることをつかむことが大切。

説明文①

月　日

点

合格点：80点／100点

1 次の文章を読んで、あとの問いに答えなさい。

筆者は、講演するときに、「日本地震《じしん》あり」と「日本人自信なし」と書いた看板をよく見せている。

ぼくが言いたいのは、日本人は［A］によって大きな損害を受けているのですが、個人個人の［B］がないことによって受ける損害のほうがはるかに大きいということです。

人生を左右する大きな要因の一つは、自分に自信を持っているか持っていないかということです。①同じくらいの能力を持って、同じくらい勉強した二人が同じことにチャレンジすると、だいたい自信がある人は成功して、自信がない人は失敗するというパターンが多いのです。

なぜかというと、自信がある人は、しなければならないことだけを頭において全力投球するので、②そのことを成し遂《と》げる可能性が高いのです。［C］、自信がない人は、私はどうせだめだ、そんなことはできないと余計なことを考えてしまうことが多い。

③たとえば試験場に行くと、一問でも集中できなかったら、「もうだめだ」とか、「親にどう説明すればいいかな」とか、「浪人《ろうにん》になったら、みんなに何と言おう」とか、そんなことを考えるのです。［D］集中力が落ちて、せっかく勉強してきたのに本領を発揮できず、不本意な成績に終わったりすることが多いと思います。

（ピーター・フランクル「ピーター流らくらく学習術」〈岩波《いわなみ》書店〉より）

(1) ［A］・［B］に入る言葉を、上の文章のリード（前文）の中から探し、書き抜《ぬ》きなさい。（10点×2）

A（　　　）　B（　　　）

(2) ――①の理由が書かれているひと続きの二文を探し、初めと終わりの六字を書きなさい。（句読点を含《ふく》む。）（完答20点）

□□□□□□～□□□□□□

(3) ――②「そのこと」が指す内容を、文章中から書き抜きなさい。（20点）

（　　　）

(4) ［C］・［D］に入る接続語を次から選び、それぞれ記号で答えなさい。（10点×2）

ア　ところで　　イ　けれども
ウ　なぜなら　　エ　そして

C（　　）　D（　　）

(5) ――③「たとえば」に続く例は、どんなことの例か。文章中の言葉を使って、二十五字前後で書きなさい。（句読点を含む。）（20点）

（解答欄：原稿用紙マス）

得点UP

1 (3) 指示語の指す内容は、**直前にある**ことが多い。
(4) 接続語の問題は、［　］の**前後の文のつながり**を考えること。

説明文②

点

合格点：80点／100点

1 次の文章を読んで、あとの問いに答えなさい。

　レベルや実力の差はあるにしても、アメリカ人は自信があるから、大切なスポーツイベントの決勝で一番いい成績を出すことができるのです。

　日本人選手たちも、ようやく自分の力を見せる場がやってきたという気持ちでオリンピックに臨んだのでしょう。たくさん練習したり、国内でいい成績を出したりして、自信をもっていたのですが、大切なところにくると、①成績が振《ふる》いませんでした。水泳陣《じん》も、スタート台に立つと、「足が震《ふる》えてどうしよう」とか、「決勝に残れなかったらマスコミにいろいろ書かれる」とか、「母校に戻《もど》ったらみんなにどう顔を見せよう」とか、自信がない人はそういう感じがあったようです。水泳陣はメダルを何個か手にすることができると予想されていたにもかかわらず、結局②そうなりませんでした。

　やはり個人個人に自信がないのです。③つまり、日本国内のコンテストに出ているときにはみんなといっしょだから自信があるのです。[A]、オリンピックで泳ぐときは自分一人なのです。まわりは外国人ばかりで、心細くて、以前出した成績に及《およ》ばないのが、日本人選手の現状なのです。

　[B]、なぜ日本人は自信がないのでしょうか。

（ピーター・フランクル「ピーター流らくらく学習術」〈岩波《いわなみ》書店〉より）

(1) ——①「成績が振いませんでした」とあるが、筆者はこの理由をどう考えているか。□に入る言葉を、文章中から書き抜《ぬ》きなさい。（15点）

・日本人選手には□□□□□から。

(2) ——②「そう」が指す内容を、文章中から書き抜きなさい。（20点）

（　　　　）

(3) ——③「みんなといっしょ」とは、どんな状況《じょうきょう》のことか。考えて書きなさい。（20点）

（　　　　）

(4) [A]・[B]に入る接続語を次から選び、それぞれ記号で答えなさい。（15点×2）

ア　では　　イ　だから　　ウ　しかし
エ　または

A（　　）　B（　　）

(5) この文章全体で述べられている内容を次から選び、記号で答えなさい。（15点）

ア　アメリカ人に自信があることの理由。
イ　日本人に自信がないことの理由。
ウ　日本人に自信がないことの例。
エ　日本人の人の目を気にする性質。

（　　）

得点UP

1 (3)「オリンピック」とは違《ちが》う、「日本国内のコンテスト」の状況を考える。
(5) オリンピックの話題で、筆者が何を説明したいのかを考える。

論説文①

月　日

点

合格点：80点／100点

1 次の文章を読んで、あとの問いに答えなさい。

　これがスペインの一日なんです。こんなふうにのんびりと食事を愉《たの》しみながら過ごす①彼《かれ》らの生活ぶりを見るにつけても、私たち日本人はあまりに忙《いそが》しすぎる。つくづく反省させられます。日本人ときたら昼食もせいぜい三十分ぐらい、サラリーマンの食事風景など見ていますと、食事をしながら電話に飛びついたり、書類に目を通しながら大急ぎでコーヒーを流しこんだり、という有様《ありさま》です。どうして、お金《かね》持《もち》といわれる日本人が、②こうもセカセカと食事をすませ、せわしない毎日を送らなければならないんでしょう。おカネがあるなら、もっとゆっくりした暮らしができていいはずじゃないですか。それなのに、おカネがたまればたまるほど忙しくなってくるというのは、どういう皮肉な運命の巡《めぐ》り合わせなんでしょう。

　□、日本人のセカセカ生活は、けっして今に始まったことじゃないんですね。今からずいぶん前です。織豊《しょくほう》時代といいますから織田信長《おだのぶなが》、豊臣秀吉《とよとみひでよし》のころのことです。スペインではありませんが、お隣《とな》りのポルトガルから③ルイス・フロイスという宣教師が日本にやってきました。彼は非常に研究心の旺《おう》盛《せい》な人だったものですから、日本人の生活をじっと観察し、日本についてさまざまな報告を書きました。

（森本哲郎《もりもとてつろう》「旅物語」〈講談《こうだん》社〉より）

(1)　――①「彼ら」とは、だれのことか。文章中の言葉を使って書きなさい。（20点）

(2)　――②「こうも」の「こう」が指している一文の、初めの五字を書き抜《ぬ》きなさい。（20点）

(3)　□に入る接続語を次から選び、記号で答えなさい。（20点）

ア　つまり　　**イ**　だから
ウ　しかし　　**エ**　すなわち

(4)　――③「ルイス・フロイスという宣教師」がしたことを、簡潔に書きなさい。（20点）

(5)　筆者は、日本人の生活をどうとらえているか。適切なものを次から選び、記号で答えなさい。（20点）

ア　昔の日本人の生活のほうがよかった。
イ　お金があっても忙しすぎてよくない。
ウ　仕事と食事を兼《か》ねているのは効率的だ。
エ　お金とゆとりがあってよい。

得点UP

1　(1)　この文章は、**だれとだれを比較《ひかく》して述べている**文章かを考える。
(2)　指示語は、語句だけでなく、**一文全体を指す**こともある。

論説文②

月　日

点

合格点：80点／100点

1 次の文章を読んで、あとの問いに答えなさい。

フロイスはポルトガルの人ですから、夕方になると必ず散歩をしたんですね。①そうすると、散歩しているフロイスの姿を見て日本人がゾロゾロあとをついてきて「どこへ行くのか」とさかんに聞く。「どこへ行くって、散歩だよ」と言っても通じない。織豊《しょくほう》時代の日本人は、どうやら散歩をあまり知らなかったようですね。いや日本人が散歩というものを知るようになったのは、つい最近といってもいいかもしれません。

②そんなわけで日本人は、何にも用事がないのにただブラブラ歩いているフロイスを見て笑ったんでしょう。フロイスはそれにびっくりしているわけですが、こういうところから見ても、日本人は昔から散歩するゆとりを持たなかったんじゃないですか。その〝伝統〟は現代にまでつづいているように思います。というのは、③散歩の途中《とちゅう》で知人に会いますと、相手は必ず「オヤ、どちらへお出かけ?」とききます。日本人にとって目的なしに歩くということは考えられないんですね。歩いていれば必ずどこかへ用を足しに行くんだと、つい、そう思ってしまうんです。最近は日本人も散歩をするようになりましたが、まだまだヨーロッパ人ほど散歩の味を知らないといっていいでしょう。

□、スペインの散歩《パセオ》ですが、スペインの散歩は彼《かれ》ら独特の日課になっているんです。

（森本哲郎《もりもとてつろう》「旅物語」〈講談《こうだん》社〉より）

(1) ――①「そうすると」と、――②「そんなわけで」を、指す内容がわかるように、文章中の言葉を使って書き換《か》えなさい。（20点×2）

①（　　　）

②（　　　）

(2) ――③「散歩の……とききます」とあるが、この理由が書かれているひと続きの二文を探し、初めと終わりの五字を書きなさい。（句読点を含《ふく》む。）（完答20点）

□□□□□～□□□□□

(3) □に入る接続語を次から選び、記号で答えなさい。（20点）

ア　ところが　　イ　ところで

ウ　しかも　　エ　だから

（　　　）

(4) この文章で筆者が述べようとしていることを次から選び、記号で答えなさい。（20点）

ア　ヨーロッパ人は昔から散歩が好きである。

イ　昔の日本人は散歩さえ知らなかった。

ウ　今の日本人は散歩するゆとりがない。

エ　日本人は昔から、あまり散歩するゆとりを持っていない。

（　　　）

得点UP

1 (1) 指示語の指す内容は、**直前にある**ことが多い。指す内容を**指示語に当てはめて**、意味が通るかを確かめよう。

(4) 筆者が**二つの具体例を使って**どんなことを述べようとしているかを考える。

詩

月　日

点

合格点：80点／100点

1 次の詩を読んで、あとの問いに答えなさい。

白い自由画

丸山薫《まるやまかおる》

「春」といふ《(う)》題で
私は子供達《たち》に自由画を描《えが》かせる
子供達はてんでに絵具《えのぐ》を溶《と》くが
①塗《ぬ》る色がなくて　途方《とほう》に暮れる

②ただ　まつ《(つ)》白な山の幾重《いくかさな》りと
ただ　まつ《(つ)》白な野の起伏《おきふし》と
うつ《(つ)》すらした墨色《すみいろ》の陰翳《かげ》の所々《ところどころ》に
③*突刺《つきさ》したやう《(よう)》な
*疎林《そりん》の枝先だけだ

④私はその一枚の空を
淡《あわ》いコバルトに彩《いろど》つ《(つ)》てやる
そして　誤つ《(つ)》て
まだ濡《ぬ》れてゐ《(い)》る枝間に
ぽとり！　と黄色を滲《にじ》ませる

私はすぐに後悔《こうかい》するが
子供達は却《かえ》つ《(つ)》てよろこぶのだ
「あゝ《(ああ)》　*まんさくの花が咲《さ》いた」と
子供達はよろこぶのだ（丸山薫「丸山薫詩集」〈思潮社《しちょう》〉より）

*疎林…立木のまばらな林。
*まんさく…春に黄色い花が咲く木。

(1) ——①「塗る色がなくて　途方に暮れる」とあるが、それはなぜか。第二連に注目し、考えて簡潔に書きなさい。（20点）

（　　　　　　　　）

(2) ——②・③に使われている表現技法を次から選び、それぞれ記号で答えなさい。（20点×2）

ア 反復法　**イ** 対句《ついく》法　**ウ** 体言止め
エ 直喩《ちょくゆ》　**オ** 隠喩《いんゆ》

②（　　）　③（　　）

(3) ——④「私は……彩つてやる」とあるが、「私」がそれで表現しようとしたものは何か。詩から一字で書き抜《ぬ》きなさい。（20点）

□

(4) この詩の主題として適切なものを次から選び、記号で答えなさい。（20点）

ア すばやく春を見つけた子供達の感受性。
イ 一面の雪景色に咲く黄色の花の美しさ。
ウ 厳しい自然と心優しい子供達との対比。
エ 失敗を恐《おそ》れない子供達のたくましさ。

（　　）

得点UP

1 (2) **ア**「反復法」は**同じ言葉を繰《く》り返す表現技法**。**イ**「対句法」は**対になる言葉や内容を並べる表現技法**。
(4) この詩の**中心になっている連**を考える。詩では作者の感動の中心をとらえることが大切。

No. 58

月　　日

点

合格点：80点／100点

古文①

1 次の文章を読んで、あとの問いに答えなさい。

今は昔、竹取《たけとり》の翁《おきな》といふものありけり。野山に*まじりて竹を取りつつ、ⓐよろづのことに使ひけり。名をば、*さぬきの造《みやつこ》となむⓑいひける。

その竹の中に、もと光る竹なむ一筋《ひとすぢ》ありける。①あやしがりて寄りて見るに、③筒《つつ》の中光りたり。②それを見れば、*三寸ばかりなる人、③いと④うつくしうてⓒゐたり。

翁ⓓいふやう、「我朝ごと夕ごとに見る竹の中にⓔおはするにて知りぬ。子と*なりたまふべき*人なめり。」とて、手にうち入れて家へ持ちて来《き》ぬ。妻《め》の⑤おうなにあづけて養はす。⑥うつくしきことかぎりなし。いとをさなければ、籠《こ》に入れて養ふ。

（「竹取物語《たけとりものがたり》」より）

＊まじりて…分け入って。
＊さぬきの造…「さかきの造」ともいう。
＊三寸…「一寸」は約三センチメートル。
＊なりたまふべき…おなりになるはずの。
＊人なめり…人であるようだ。

(1) 〰〰ⓐ～ⓔを、現代仮名遣《かなづか》いに直して書きなさい。（8点×5）

ⓐ（　　）　ⓑ（　　）
ⓒ（　　）　ⓓ（　　）
ⓔ（　　）

(2) ――①・④の意味として適切なものを次から選び、それぞれ記号で答えなさい。（10点×2）

① ア 不審《ふしん》に思って　イ おもしろがって　ウ いやがって　エ 不思議に思って

④ ア かわいらしい姿で　イ 小さい姿で　ウ きれいな姿で　エ 眠《ねむ》った姿で

①（　　）　④（　　）

(3) ――②「それ」が指す内容を、文章中から書き抜《ぬ》きなさい。（10点）

（　　）

(4) ――③「いと」の意味を書きなさい。（10点）

（　　）

(5) ――⑤「おうな」と対《つい》になる言葉を、文章中から一字で書き抜きなさい。（10点）

□

(6) ――⑥「うつくしきことかぎりなし。」の主語を、文章中から八字で書き抜きなさい。（10点）

□□□□□□□□

得点UP

1 (1) 歴史的仮名遣いのきまりの一つに、「**語の初め以外の『ハ行』は『わ・い・う・え・お』と読む**」がある。
(2) 古文の言葉には、現代の言葉と形が似ていても**意味が違《ちが》うもの**があるので注意する。

古文②

月　日

点

合格点：80点／100点

1　次の文章を読んで、あとの問いに答えなさい。

*中ごろのことなるに、津《つ》の国難波《なには》の里に、ⓐ*おほぢとうばと侍《はべ》り。うば四十に及《およ》ぶまで、子のなきことを悲しみ、*住吉《すみよし》に参り、なき子を祈《いの》り申すに、大明神ⓑあはれと①おぼしめして、四十一と申すに、*ただならずなりぬれば、おほぢ喜びⓒ限りなし。やがて十月と申すに、いつくしき男子をまうけけり。さりながら、生まれおちてより後、背一寸ありぬれば、やがて、その名を、一寸法師とぞ名づけられたり。

年月を経《ふ》るほどに、はや十二、三になるまで②育てぬれども、背も*人ならず、③つくづくと思ひけるは、ただ者にてはあらざれ、ただ化物《ばけもの》風情《ふぜい》にてこそⓓ候《さふら》へ、われら、いかなる罪の報いにて、④かやうの者をば、住吉より給《たま》はりたるぞや、あさましさよと見る目も不便《ふびん》なり。

（「御伽草子《おとぎぞうし》」より）

*中ごろ…そう遠くない昔。　*おほぢとうば…おじいさんとおばあさん。　*住吉…住吉大社。
*ただならずなりぬれば…おなかに子供ができたので。
*人ならず…一人前にならず。

(1) ⓐ〜ⓓを、現代仮名遣《かなづか》いに直して、すべて平仮名で書きなさい。（10点×4）

ⓐ（　　　）　ⓑ（　　　）
ⓒ（　　　）　ⓓ（　　　）

(2) ――①「おぼしめし」を説明した次の文の□に合う言葉を、〔　〕から選び、記号で答えなさい。（10点）

・動詞「思ふ」の□語である。
〔ア　尊敬　イ　謙譲《けんじょう》　ウ　丁寧《ていねい》〕（　　）

(3) ――②「育てぬれども」の意味として適切なものを次から選び、記号で答えなさい。（10点）

ア　育てないけれども
イ　育てなかったけれども
ウ　育てたけれども
エ　育てられるけれども
（　　）

(4) ――③「つくづくと思ひける」の主語を次から選び、記号で答えなさい。（10点）

ア　おほぢとうば　イ　大明神
ウ　一寸法師　エ　化物
（　　）

(5) ――④「かやうの者」とは、だれを指すか。文章中から四字で書き抜《ぬ》きなさい。（15点）

□□□□

(6) 「おほぢとうば」が、この文章の最後で抱《いだ》いているのはどんな気持ちか。適切なものを次から選び、記号で答えなさい。（15点）

ア　期待感　イ　不安感
ウ　満足感　エ　失望感
（　　）

得点UP

1　(2)　古文には、敬語がたくさん出てくるので注意。**だれが「思ふ」のかを考える。**
(4)　古文では**主語の省略**が多いので、だれの行動かを押《お》さえて読むことが大切。

故事成語

月　　日

点

合格点：80点／100点

1 次の文章を読んで、あとの問いに答えなさい。

*楚《そ》人《ひと》に盾《たて》と矛《ほこ》とを*ひさぐ者あり。①これを誉《ほ》めていはく、「わが盾の堅《かた》きこと、*よく陥《とほ》すものなきなり。」と。またその矛を誉めていはく、「わが矛の*利《り》なること、②物において陥さざるなきなり。」と。ある人いはく、「*子《し》の矛をもつて、子の盾を陥さば*いかん。」と。③その人応《こた》ふることあたはざるなり。

（「韓《かん》非《ぴ》子《し》」より）

*楚人…楚の国の人。　*ひさぐ…売る。
*よく陥すものなきなり…突《つ》き通すことのできるものはない。
*利なること…鋭《するど》いこと。
*子…あなた。
*いかん…どうなるか。
*あたはざるなり…できなかった。

(1) ——①「これ」とは、何を指しているか。文章中から一字で書き抜《ぬ》きなさい。（14点）

□

(2) ——②「物において陥さざるなきなり」の意味として適切なものを次から選び、記号で答えなさい。（14点）

ア どんなものも突き通すかもしれない
イ どんなものでも突き通さないものはない
ウ どんなものも突き通させない
エ どんなものでも突き通しはしない

（　　）

(3) ——③「その人」とは、だれのことか。文章中から九字で書き抜きなさい。（15点）

□□□□□□□□□

(4) この故事から生まれた「矛盾《むじゅん》」という言葉の意味を簡潔に書きなさい。（15点）

（　　　　　　　　）

2 次の故事成語の意味をあとから選び、記号で答えなさい。（7点×6）

(1) 推《すい》敲《こう》（　　）
(2) 背《はい》水《すい》の陣《じん》（　　）
(3) 蛇《だ》足《そく》（　　）
(4) 蛍《けい》雪《せつ》の功（　　）
(5) 漁夫の利（　　）
(6) 五十歩百歩（　　）

ア 決死の覚《かく》悟《ご》で物事に当たること。
イ 第三者が利益を横取りすること。
ウ 文章などの語句をよく練り直すこと。
エ たいして変わりがないこと。
オ あとから付け加えられた余計なもの。
カ 苦労して勉学に励《はげ》み、報われること。

得点UP

1 (2)　**否定の表現が二つある**ことと、前の内容とのつながりに注意して考える。
2 「故事成語」とは、主に**中国の古い話から生まれた言葉**のことである。

月　日

総復習テスト（国語）

点

目標時間：20分　合格点：80点／100点

1 次の文章を読んで、あとの問いに答えなさい。

人間は、自信を持つためには、まず何よりも一人で行動を起こさなければならないとぼくは思います。

いつもグループでいっしょに行動していると、グループの行動には自信があるかもしれませんが、自分一人になると心細くてどうしようもなくなります。日本の教育は完全に集団的なもので、ある意味では教えることよりも、子供を集団生活にⓐナれさせる手段だというイメージのほうが強い。まず、学校でⓑスごす時間がきわめて長いといえます。（中略）

それでいいのではないかと思っている人も多いでしょうが、①やはりそれでは結局自信が生まれません。一人でいることは、すごく大切です。子供のころからグループばかりで行動するので、結局グループの行動が好きになってしまうのです。[A]、ほとんどの日本人は、一人では心細いと、グループをつくりたがります。そしてグループにいることによって、安心してしまう。

[B]、ぼくは②それはあくまでも、安全を確保するための逃《に》げ道でしかないと思います。人生の大切な場面を考えると、人間はほんとうに一人なのです。生まれるにしても、死ぬにしても、受験するにしても、ⓒシュウショク試験を受けるにしても、自分一人でするしかないのです。

（ピーター・フランクル「ピーター流らくらく学習術」〈岩波《いわなみ》書店〉より）

(1) ～～ⓐ～ⓒの片仮名《かたかな》を漢字で書きなさい。（5点×3）

ⓐ（　　）　ⓑ（　　）　ⓒ（　　）

(2) ――①の部分の㋐文節の数と、㋑単語の数を、それぞれ算用数字で答えなさい。（5点×2）

㋐（　　）　㋑（　　）

(3) [ ]A・Bに入る接続語を次から選び、それぞれ記号で答えなさい。（6点×2）

ア でも　**イ** また

ウ ですから　**エ** もしくは

A（　　）　B（　　）

(4) ――②「それ」が指す内容を、文章中から十字以内で書き抜《ぬ》きなさい。（6点）

(5) この文章で筆者が述べていることと合わないものを次から選び、記号で答えなさい。（6点）

ア 人間は本来一人で行動しなければならない。

イ 集団行動でも自信を持つことが大切である。

ウ 日本人は集団行動を好む。

エ 日本の教育では自信は生まれない。

（　　）

裏面へ

2 次の文章を読んで、あとの問いに答えなさい。

ある山寺の坊主《ばうず》、*慳貪《けんどん》なりけるが、*あめを治《ぢ》してただ一人食ひけり。よく*したためて、たなに置き置きしけるを、一人ありける*小《こ》児《ちご》に食はせずして、「これは人の食ひつれば死ぬるものぞ。」①と言ひけるを、この児、*あはれ食はばや食はばやと思ひけるに、坊主*他《た》行《ぎやう》のひまに、たなより取りおろしけるほどに、うちこぼして、小袖《こそで》にも髪《かみ》にもつけたりけり。日ごろほしと②思ひければ、二、三坏《ばい》よくよく食ひて、坊主が秘《ひ》蔵《さう》の水がめを、*あまだりの石に打ちあてて、③うち割りておきつ。坊主帰りたりければ、この児さめほろと泣く。「何事に泣くぞ。」とⓐ問へば、「だいじの御《おん》水《みづ》がめを、あやまちにうち割りてⓑ*さうらふときに、いかなる*御《ご》勘《かん》当《だう》かあらむずらむと、*くちをしく覚えて、命生きても*よしなしと思ひて、④人の食へば死ぬとおほせられさうらふ物を一坏食へども死なず、二、三坏までたべてさうらへどもⓒ*おほかた死なず。はては小袖につけ、髪につけてはべれども、いまだ死にさうらはず。」とぞ言ひける。あめは食はれて、水がめは⑤割られぬ。慳貪の坊主得《う》るところなし。

（「沙石集《しやせきしふ》」より）

＊慳貪…けち。欲深。　＊あめを治して…水あめを作って。
＊したためて…管理して。　＊小児…寺で雑用に当たる少年。
＊あはれ…ああ。　＊他行…外出。
＊あまだりの石…雨だれ受けの石。
＊さうらふ…～ます。～ございます。（丁寧《ていねい》な意味を添《そ》える語。）
＊御勘当…おとがめ。　＊くちをしく…残念に。悔《く》やまれて。
＊よしなし…仕方がない。　＊おほかた…まったく。いっこうに。

(1) ⓐ～ⓒを、現代仮《か》名《な》遣《づか》いに直して、すべて平仮名で書きなさい。（5点×3）

ⓐ（　　）　ⓑ（　　）　ⓒ（　　）

(2) ――①・③の主語を、文章中からそれぞれ二字で書き抜《ぬ》きなさい。（6点×2）

①□□　③□□

(3) ――②・⑤の意味として適切なものを次から選び、それぞれ記号で答えなさい。（6点×2）

② ア 思うならば　イ 思っていたので　ウ 思いながら　エ 思っていたのに　（　　）

⑤ ア 割られなかった　イ 割った　ウ 割れなかった　エ 割られた　（　　）

(4) ――④「人の食へば死ぬとおほせられさうらふ物」とは、何のことか。文章中から二字で書き抜きなさい。（6点）

□□

(5) 「小児」が、「坊主」の水がめを割ったのはなぜか。適切なものを次から選び、記号で答えなさい。（6点）

ア 手があめでべたついて、すべったため。
イ あめをくれない坊主に腹を立てていたため。
ウ あめを食べたことの言い訳にするため。
エ 死ぬ前に坊主に仕返しをするため。

（　　）

生物の観察と分類

点

合格点：80点／100点

1 右の図は，タンポポの１つの花を観察したものである。次の問いに答えなさい。 （(3)12点，他は8点×6）

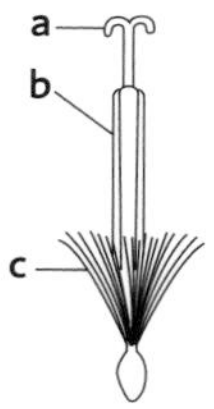

(1)　次の文は，採取《さいしゅ》したタンポポの花の細部をルーペを使って観察する方法を述べたものである。文中の①，②にあてはまる語を書け。

ルーペは①（　　）に近づけて持ち，②（　　　　）を前後に動かしてよく見える位置をさがす。

(2)　観察したものをスケッチするときの注意点について，まちがっているものはどれか。次の**ア**～**エ**から1つ選び，記号で答えよ。（　　）

ア　スケッチの日時や場所を書く。

イ　細い線や小さい点ではっきりとかく。

ウ　立体的にかくために重ねがきをしたりかげをつけたりする。

エ　観察する対象のものだけをかく。

(3)　図のタンポポには花弁《かべん》（花びら）はかかれていない。図に花弁をかき入れよ。

(4)　図の**a**，**b**，**c**の部分を何というか。　**a**（　　）**b**（　　）**c**（　　）

2 顕微鏡《けんびきょう》による生物などの観察について，次の問いに答えなさい。 （10点×4）

(1)　顕微鏡で観察するときの正しい操作を，次の**ア**～**エ**から記号で選べ。（　　）

ア　顕微鏡は，直射日光を反射鏡《はんしゃきょう》に当てるため，窓ぎわに置く。

イ　しぼりは，視野の明るさに関係なく，全開にしたままにする。

ウ　対物《たいぶつ》レンズは，はじめに低倍率を使用し，あとで高倍率を使用する。

エ　ピント合わせは，接眼《せつがん》レンズをのぞきながら対物レンズをステージに近づける。

(2)　顕微鏡で，倍率が10倍の接眼レンズと20倍の対物レンズを使って観察すると，実物の長さが0.03 mmの生物は，何mmに拡大されて見えるか。（　　）

(3)　(2)で使った顕微鏡で，対物レンズの倍率を40倍にした。このとき，視野の①広さ，②明るさはどうなるか。①（　　　　）②（　　　　）

得点UP

2 (2)このときの顕微鏡の倍率は，10×20＝200 より，200倍である。
(3)②顕微鏡の倍率を高くすると，視野に入ってくる光の量は少なくなる。

1　植物の特徴と分類

花のつくりとはたらき

点

合格点：79 点／100 点

1

右の図はA，B2種類の花を分解し，各部分ごとに並べたものである。次の問いに答えなさい。

((2)9点，他は7点×3)

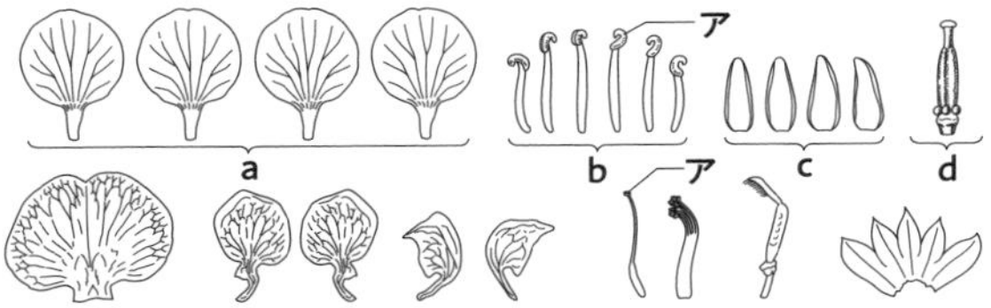

(1)　A，Bの花を次のア～エから選び，記号で答えよ。　A（　　）B（　　）

ア　ツツジ　　イ　エンドウ　　ウ　サクラ　　エ　アブラナ

(2)　Aの図のa～dを，花の外側から中心に向けて順に並べ，記号で答えよ。

（　　→　　→　　→　　）

(3)　図のA，Bのアの部分をそれぞれルーペで観察すると花粉が入っていた。アの部分を何というか。名称《めいしょう》を書け。（　　　）

2

右の図は，アブラナの花を分解し，その一部をスケッチしたものである。次の問いに答えなさい。

(7点×5)

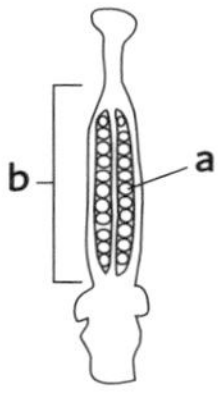

(1)　aの小さな粒《つぶ》を何というか。（　　　）

(2)　bのふくらんだ部分を何というか。（　　　）

(3)　受粉《じゅふん》後，成長するとaの部分，bの部分は何になるか。それぞれ名称を書け。　a（　　　）b（　　　）

(4)　aがbの中にある植物のなかまを何というか。（　　　）

3

図1はマツの花，図2はアブラナの花のつくりの模式図である。次の問いに答えなさい。

(7点×5)

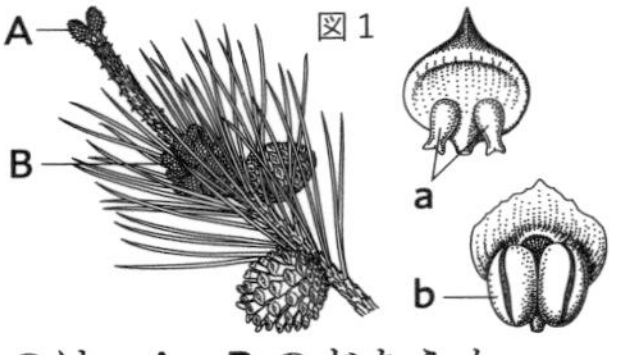

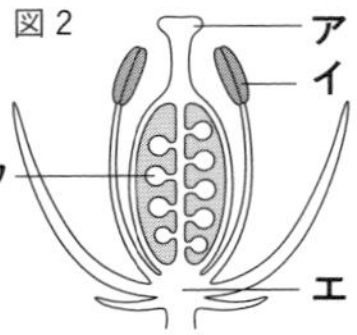

(1)　図1で，①A，Bの名称を書け。また，②まつかさになるのは，A，Bのどちらか。

①A（　　　）B（　　　）②（　　　）

(2)　図1のbの部分は，図2のア～エではどの部分にあたるか。（　　）

(3)　マツのように，aがむき出しになっている植物を何というか。（　　　）

得点UP

1　(2)がく，花弁《かべん》，おしべ，めしべの順に並べる。

3　(2)図1のaは胚珠《はいしゅ》，bは花粉《かふん》のうである。

植物の分類

月　日

点

合格点：80点／100点

1　右の図は，身のまわりにある植物を，その特徴でなかま分けしたものである。次の問いに答えなさい。（10点×6）

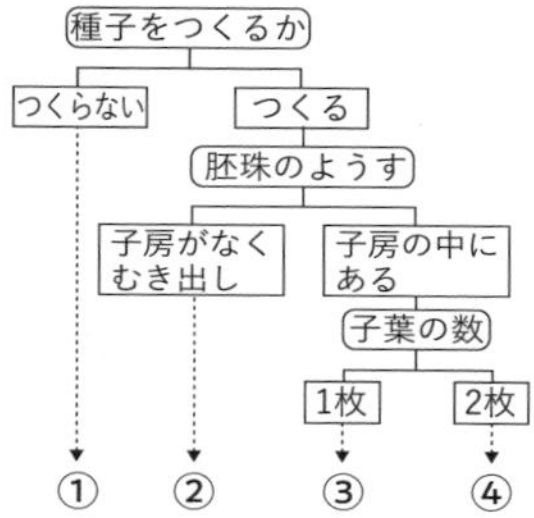

(1)　図の②，③，④に分けることのできる植物のなかまを何というか。それぞれ名称《めいしょう》を書け。

②（　　　　）③（　　　　）④（　　　　）

(2)　右の**A**，**B**のような根をもつ植物を，図の①～④から選び，それぞれ番号で答えよ。

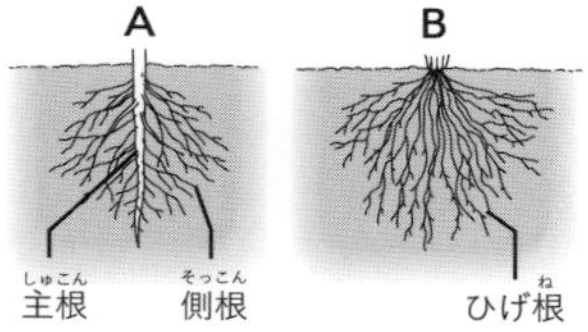

A（　　　　）**B**（　　　　）

(3)　図の④と同じなかまの植物を，次の**ア**～**カ**から2つ選び，記号で答えよ。（　　，　　）

ア　ワラビ　　**イ**　サクラ　　**ウ**　トウモロコシ

エ　スギゴケ　　**オ**　ツツジ　　**カ**　イネ

2　次の A～E の植物について，下の問いに答えなさい。（8点×5）

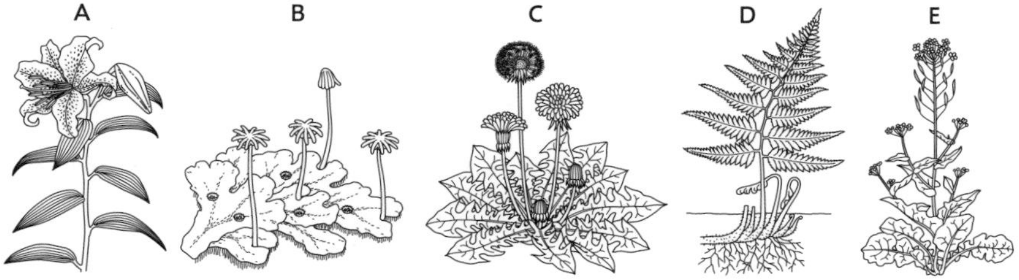

(1)　**A～E** の植物で，花弁《かべん》どうしがくっついて1枚になっているものを1つ選び，記号で答えよ。（　　）

(2)　葉，茎《くき》，根の区別がないものを，**A～E** から選び，記号で答えよ。（　　）

(3)　**A～E** の植物で，種子植物《しゅししょくぶつ》ではないもの2つを記号で答えよ。（　　）（　　）

(4)　(3)の植物は何をつくってなかまをふやすか。その名称を書け。（　　）

得点UP

❶　被子植物《ひししょくぶつ》は，子葉の枚数によって単子葉類《たんしようるい》と双子葉類《そうしようるい》に分けることができる。

❷　(3)コケ植物とシダ植物を選ぶ。

動物の分類①

点

合格点：80点／100点

1

右の表は，下のア～オの５種類の脊椎《せきつい》動物を，その特徴《とくちょう》をもとになかま分けしてまとめたものである。次の問いに答えなさい。(8点×11)

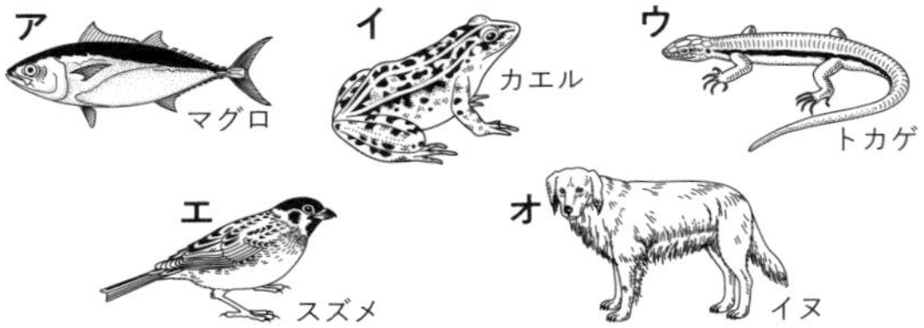

特徴		脊椎動物
生活場所	水中	ア
	水辺	イ
	陸上	ウ，エ，オ
体表のようす	うろこ	A
	しめった皮膚《ひふ》	B
	羽毛	エ
	毛	オ
呼吸を行う場所	肺	C
	子はえらや皮膚 親は肺や皮膚	D
	えら	E
なかまのふえ方	P	オ
	Q	ア，イ，ウ，エ

(1)　表の **A～E** にあてはまる動物を上の**ア～オ**からすべて選び，それぞれ記号で答えよ。

A（　　　）B（　　　）

C（　　　）D（　　　）E（　　　）

(2)　表の **P**，**Q** にあてはまるなかまのふえ方を，それぞれ漢字で書け。

P（　　　）Q（　　　）

(3)　１回の産卵（子の）数がふつう最も多いのはどの動物か。**ア～オ**から選び，記号で答えよ。（　　　）

(4)　次の①～③の動物は，上の**ア～オ**のどの動物と同じなかまか。それぞれ記号で答えよ。

①　アオダイショウ（　　　）　②　ペンギン（　　　）　③　クジラ（　　　）

2

右の図は，草食動物と肉食動物の頭部の骨格を表している。次の問いに答えなさい。(6点×2)

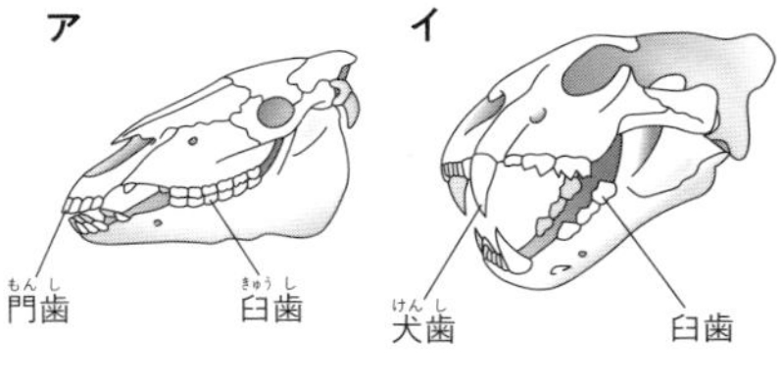

(1)　草食動物の図は，**ア**，**イ**のどちらか。（　　　）

(2)　立体的に見える範囲《はんい》が広いのは，**ア**，**イ**のどちらの動物か。

（　　　）

得点UP

❶　(2)動物のなかまのふえ方は，「卵をうむ」と「子をうむ」の2種類に分けられる。

❷　草食動物の臼歯は，頂上部が平らになっている。

動物の分類②

月　日

点

合格点：80点／100点

1 右の図は，昆虫類《こんちゅうるい》のバッタのからだのつくりを表している。次の問いに答えなさい。　(10点×4)

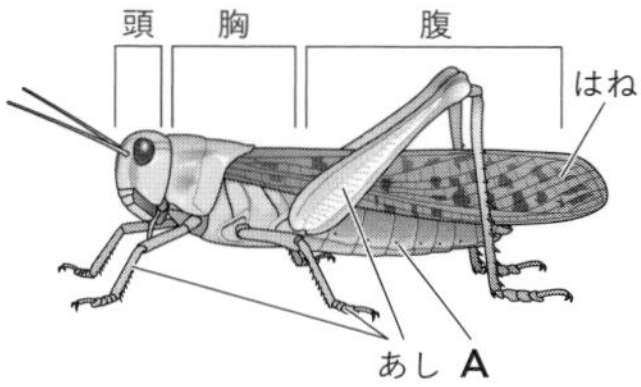

(1)　バッタのように，背骨をもたない動物のなかまをまとめて何動物というか。

(　　　　　　)動物

(2)　昆虫類やエビ，カニなどの甲殻類《こうかくるい》，クモ類などのなかまは，あしやからだに節《ふし》がある。このようななかまを特に何動物というか。　(　　　　　　)動物

(3)　(2)で答えたなかまのからだは，かたい殻《から》でおおわれている。このようなつくりを何というか。　(　　　　　　)

(4)　図のAは，昆虫類のからだに見られる，空気をとり入れるための小さな穴である。これを何というか。　(　　　　　　)

2 右の図は，動物をいろいろな特徴《とくちょう》をもとになかま分けしたものである。次の問いに答えなさい。　(10点×6)

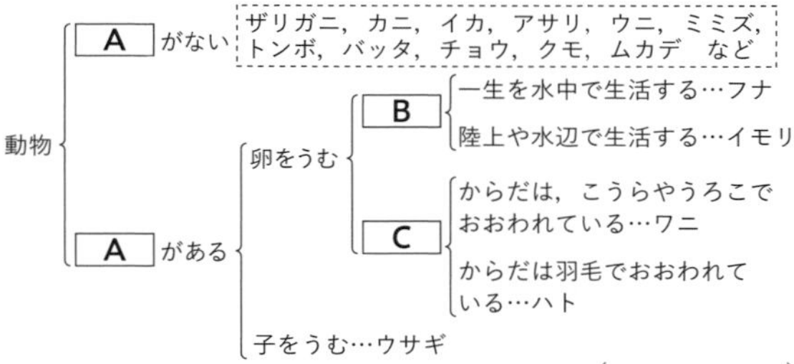

(1)　Aにあてはまるからだのつくりを書け。　(　　　　　　)

(2)　BとCにあてはまる卵《らん》の特徴をそれぞれ書け。

B(　　　　　　)　C(　　　　　　)

(3)　[　　　]の動物のうち，イカやアサリのなかまを何というか。　(　　　　　　)

(4)　(3)の動物で，内臓をつつみこむじょうぶな膜《まく》を何というか。

(　　　　　　)

(5)　[　　　]の動物のうち，甲殻類のなかまはどれか。すべて選び，名前を答えなさい。

(　　　　　　)

得点UP

1　(2)「足」に「節」がある動物である。

2　(4)イカやタコなどでは，からだをおおう体表となっている。

身のまわりの物質とその性質

月　日

点

合格点：80点／100点

1　右の図は，3種類の白い粉末状の物質《ぶっしつ》(砂糖・食塩・デンプン)の性質を調べた結果である。次の問いに答えなさい。（10点×4）

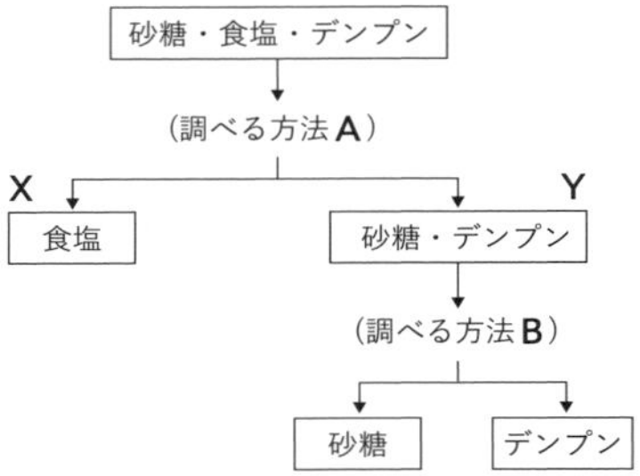

(1)　調べる方法AとBにあてはまるものを，次のア～エから選び，それぞれ記号で答えよ。　A（　　）　B（　　）

ア　熱する　　**イ**　磁石《じしゃく》に近づける

ウ　水にとかす　　**エ**　電気を通すか調べる

(2)　3種類の物質で，無機物《むきぶつ》はどれか。（　　　）

(3)　プラスチックは，方法AでXとYのどちらに分類されるか。（　　）

2　次の文の①，②の{　　}の中から，それぞれ適当なものを選び，記号に○をつけなさい。（12点×2）

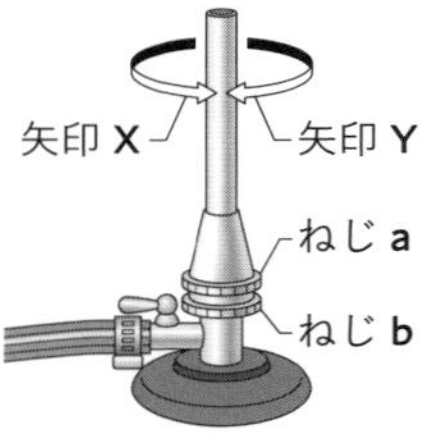

図のガスバーナーに点火したとき，黄色い炎《ほのお》が出た。この黄色い炎を青い炎にするには，ねじbを固定し，ねじaだけを少しずつ①{**ア**　Xの向き　**イ**　Yの向き}に回して，②{**ア**　ガス　**イ**　空気}の量を調節する。

3　右の表は物質の密度《みつど》を示し，図は50.0 cm^3の水に表中のある金属125.8 gを入れたものである。次の問いに答えなさい。（12点×3）

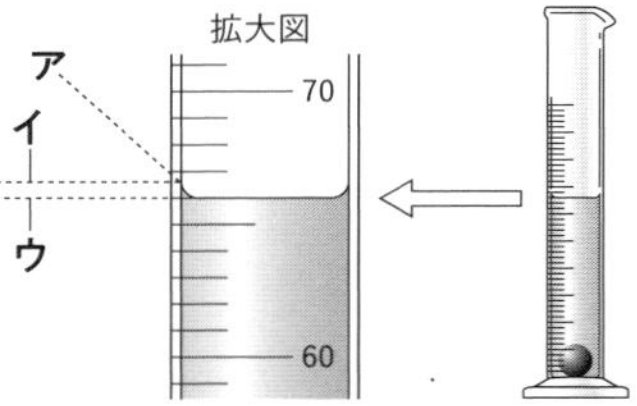

物質名	密度〔g/cm^3〕	物質名	密度〔g/cm^3〕
銅	8.96	鉄	7.87
鉛《なまり》	11.3	金	19.3

(1)　メスシリンダーの目盛りを読むときの正しい目の位置を，ア～ウから記号で選べ。（　　）

(2)　この金属の体積を求めよ。（　　　）

(3)　この金属は何か。名称《めいしょう》を書け。（　　）

得点UP

2　ねじaは空気の量を調節する空気調節ねじ，ねじbはガスの量を調節するガス調節ねじ。

3　(3)この金属の密度〔g/cm^3〕＝$\frac{物質の質量〔g〕}{物質の体積〔cm^3〕}$を求めて，表の値《あたい》と比べて判断する。

気体の発生と性質①

月　日

点

合格点：84点／100点

1 右の図のような装置で酸素を発生させた。次の問いに答えなさい。（12点×3）

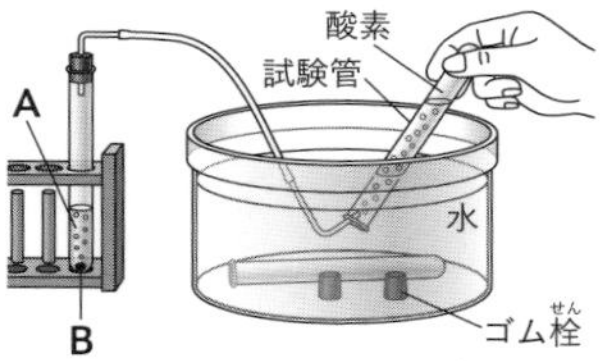

(1) A，B に用いた物質《ぶっしつ》の組み合わせを，次の**ア**～**ウ**から選び，記号で答えよ。（　　）

ア　A…オキシドール　B…二酸化マンガン

イ　A…うすい塩酸　B…亜鉛《あえん》

ウ　A…うすい塩酸　B…石灰石《せっかいせき》

(2) 図のような気体の集め方を何というか。（　　　　）

(3) 図の方法で酸素を集めるのは，酸素のどのような性質によるか。

（　　　　　　　　）

2 次の A～D の方法で気体を発生させた。次の問いに答えなさい。（12点×4）

A　石灰石（または貝殻《かいがら》）にうすい塩酸を加えた。

B　塩化アンモニウムと水酸化カルシウムを混ぜたものを加熱した。

C　炭酸水素ナトリウムに酢酸《さくさん》を加えた。

D　鉄または亜鉛などの金属にうすい塩酸を加えた。

(1) 水素が発生するのはどれか。A～D から選び，記号で答えよ。（　　）

(2) B の気体の集め方を，右の**ア**～**オ**から選び，記号で答えよ。（　　）

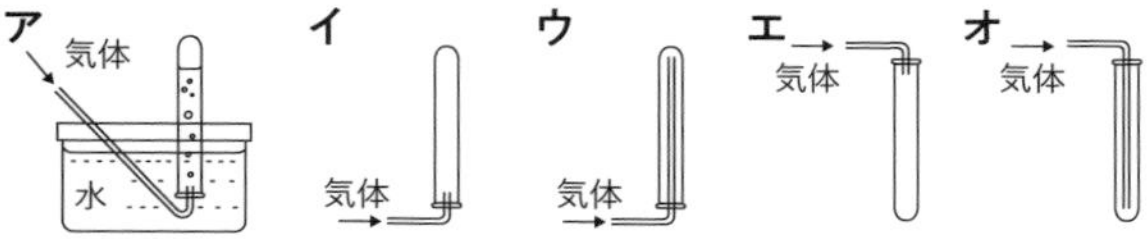

(3) A～D で，二酸化炭素が発生するものを2つ選び，記号で答えよ。

（　　），（　　）

3 右の図のように，ペットボトルに二酸化炭素を集め，その中に半分まで水を入れ，ふたをして全体をよく振《ふ》ると，ペットボトルの容器はどうなるか，書きなさい。（16点）

（　　　　　　）

得点UP

❷ (2) B で発生する気体はアンモニア。アンモニアは，空気よりも軽く，水に非常によくとける。

❸ 二酸化炭素は水にとける。

月　日

気体の発生と性質②

点

合格点：81点／100点

1　A～Dの４種類の気体について，次のような実験1～実験3を行い，それぞれ結果を得た。これについて，あとの問いに答えなさい。ただし，A～Dの気体は，水素，酸素，アンモニア，二酸化炭素の４種類の気体であることがわかっている。

((4)①10点，他9点×10)

【実験１】質量《しつりょう》を無視できる軽い風船にA～Dの気体を同じ体積ずつ入れて空気中で静かに放したところ，AとDは上昇《じょうしょう》し，BとCは下降した。

【実験２】A～Dの気体を，ある水溶液《すいようえき》Xにそれぞれ通したところ，Bだけある変化が見られた。

【実験３】４本の試験管にA～Dの気体をそれぞれ別々に集め，マッチの火を近づけたところ，Aだけポンという音を発して燃えた。

(1)　【実験２】で用いた水溶液Xは何か。次のア～エから１つ選び，記号で答えよ。

ア　塩酸　　**イ**　石灰水《せっかいすい》　　**ウ**　硫酸《りゅうさん》　　**エ**　過酸化水素水　（　　　）

(2)　【実験２】で，Bだけに見られた変化とは何か。簡単に書け。

（　　　）

(3)　A～Dの気体はそれぞれ何か。名称《めいしょう》を答えよ。

A（　　　）　B（　　　）　C（　　　）　D（　　　）

(4)　試験管に集めた気体のにおいをかぐことで，A～Dのうちの１つの気体の名称がわかった。

①　においをかぐときは，どのようにしてかぐか。簡単に説明せよ。

（　　　）

②　名前がわかった気体は何か。その名称を書け。（　　　）

(5)　A～Dの気体のうち，次の①～③にあてはまるものをそれぞれ選び，記号で答えよ。

①　水にとけて酸性を示す。（　　　）

②　水にとけてアルカリ性を示す。（　　　）

③　ものを燃やすはたらきがある。（　　　）

得点UP

1　(1)(2)気体Bの確認法としてよく知られている方法である。

(4)４つの気体のうち，１つだけ強い刺激臭《しげきしゅう》をもつ。

水溶液の性質

点
合格点：80点／100点

1　砂糖50gをビーカーの水200gに入れてとかした。次の問いに答えなさい。(9点×4)

(1)　とけた砂糖，砂糖をとかした水を何というか。それぞれ書け。

砂糖（　　　　　）　水（　　　　　）

(2)　砂糖が水に完全にとけたときのモデルを，右の**ア**～**エ**から選び，記号に○をつけよ。

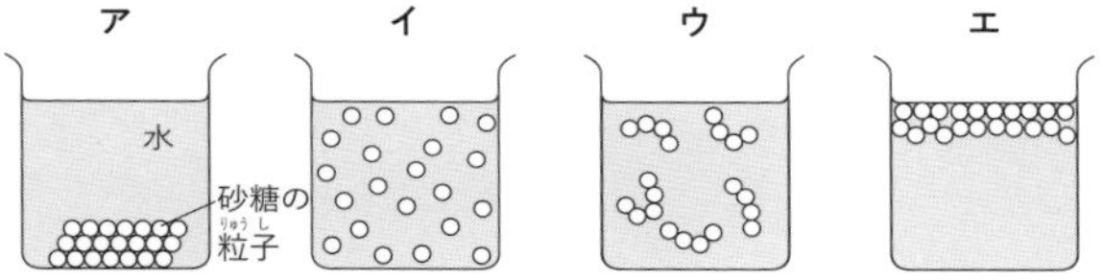

(3)　この砂糖水の質量《しつりょう》パーセント濃度《のうど》は何%か。　（　　　）

2　右のグラフは，食塩と硝酸《しょうさん》カリウムの溶解度《ようかいど》を示したものである。次の問いに答えなさい。(10点×4)

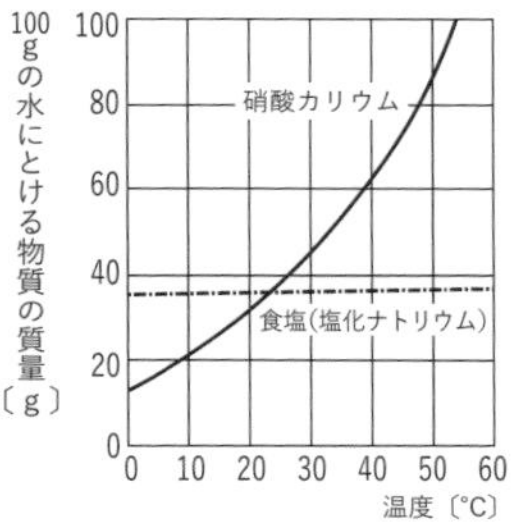

(1)　食塩と硝酸カリウムを，それぞれ50℃の水100gに30gずつ入れてよくかき混ぜた。食塩と硝酸カリウムは全部とけきるか。　（　　　　　）

(2)　(1)の水溶液《すいようえき》を10℃まで冷やすと，①どちらの物《ぶっ》質《しつ》が，②何gの結晶《けっしょう》となって現れるか。　①（　　　　　）　②（　　　）

(3)　(2)のように，溶解度の差を利用して，再び結晶としてとり出すことを何というか。　（　　　　　）

3　結晶が出てきた水溶液を，右の図の器具を使ってろ過した。ろ過のしかたで誤っているものを，次のア～オから2つ選び，記号に○をつけなさい。(12点×2)

ア　ろ紙をろうとに入れてから，水でぬらす。
イ　ろうとのあしは下のビーカーの中央に置く。
ウ　水溶液はガラス棒を伝わらせて入れる。
エ　水溶液はろ紙の3分目以上入れないようにする。
オ　ガラス棒の先はろ紙が重なっているところにあてる。

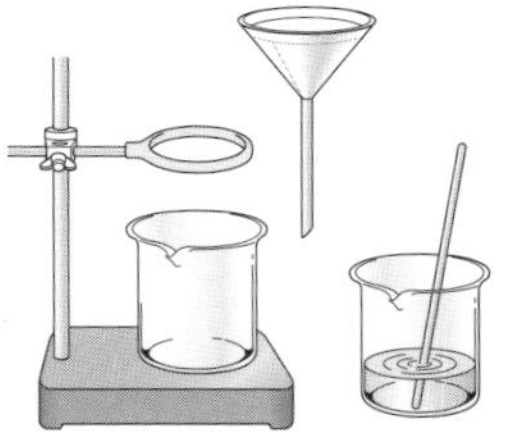

得点UP

1　(3)質量パーセント濃度〔%〕＝溶質《ようしつ》の質量〔g〕／溶液《ようえき》の質量〔g〕× 100

2　(2)10 °C の水 100g に硝酸カリウムは約 22 g しか，とけることができない。

物質の状態変化

月　日

点

合格点：80点／100点

1 物質《ぶっしつ》の状態《じょうたい》変化《へんか》について正しく述べたものを，次のア～エから2つ選び，記号で答えなさい。　(10点×2)

ア　すべての金属は，同じ融点《ゆうてん》で液体となる。　(　　)(　　)

イ　とけたロウが固まると，体積は小さくなるが質量《しつりょう》は変わらない。

ウ　窒素《ちっそ》の密度《みつど》は，気体，液体，固体の順に大きくなる。

エ　氷がとけて水になると，体積が大きくなり，質量も増加する。

2 固体のナフタレンを加熱し，加熱時間と温度との関係を調べた。次の問いに答えなさい。　(10点×3)

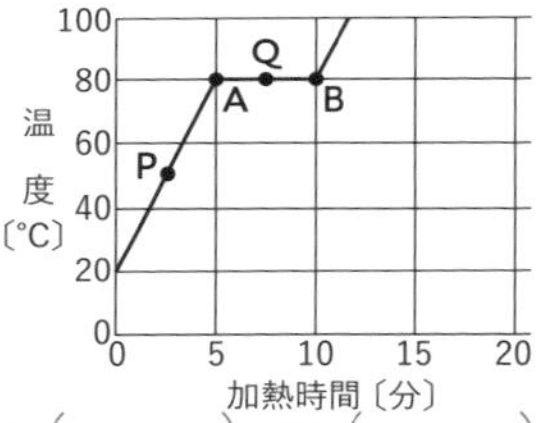

(1)　この物質の融点は何℃か。　(　　)

(2)　右のグラフの**P**点と**Q**点では，この物質はどのような状態か。次の**ア**～**オ**からそれぞれ選べ。

ア　液体　**イ**　気体　**ウ**　固体　**P**(　　)**Q**(　　)

エ　液体と気体が混じった状態　**オ**　固体と液体が混じった状態

3 右の図の装置で，水とエタノールの混合物《こんごうぶつ》を一定の炎《ほのお》で加熱した。次の問いに答えなさい。　(10点×5)

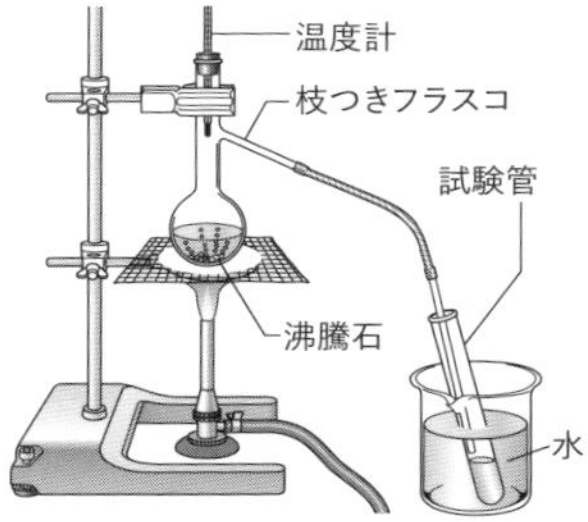

(1)　フラスコに沸騰石《ふっとうせき》を入れる理由を書け。

(　　)

(2)　加熱を始めて温度計の目盛りが80℃を示したときまでに試験管内にたまった液体は，水とエタノールのうち，どちらを多くふくんでいるか。

(　　)

(3)　(2)の物質を確かめる方法を1つ書け。　(　　)

(4)　図のような装置を使って混合物を分ける方法を何というか。　(　　)

(5)　(4)は，混合物の成分の何のちがいを利用したものか。　(　　)

得点UP

2 (1)純粋《じゅんすい》な物質は，固体の状態からとけ始めて全部液体になるまで温度が一定で変化しない。

3 (2)水の沸点《ふってん》は100℃，エタノールの沸点は78℃である。

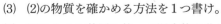

光の反射・屈折

月　日

点

合格点：80点／100点

1　右の図は，A点に置かれた電球から出た光が鏡で反射《はんしゃ》し，B点へ進む光の道すじを示したものである。光の道すじで正しいものはどれか。図中のア～エから選び，記号で答えなさい。　(15点)

(　　　)

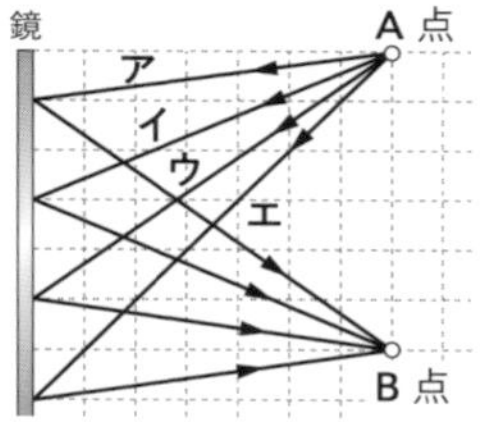

2　次の文の①，②にあてはまるものは何か。それぞれアかイのどちらかを選び，記号に○をつけなさい。また，(　　)にあてはまる語句を書きなさい。　(15点×3)

右の図のように，光がガラスと空気の境界面にななめに入ると，一部は反射するが，それ以外は屈折《くっせつ》角《かく》が入射《にゅうしゃ》角《かく》より①{**ア**　大きく　　**イ**　小さく}なるように屈折し，空気中を進んでいく。さらに入射角をある角度以上②{**ア**　大きく　　**イ**　小さく}すると，光は境界面ですべて反射するようになる。これを(　　　　)という。

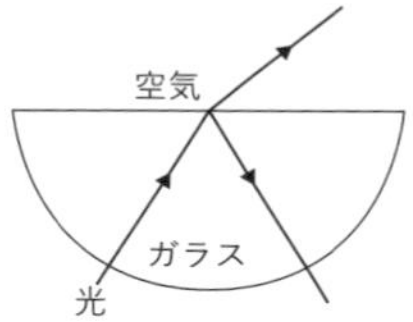

3　右の図は，直方体のガラスを光が通過するようすを真上から見たところを表している。次の問いに答えなさい。　(20点×2)

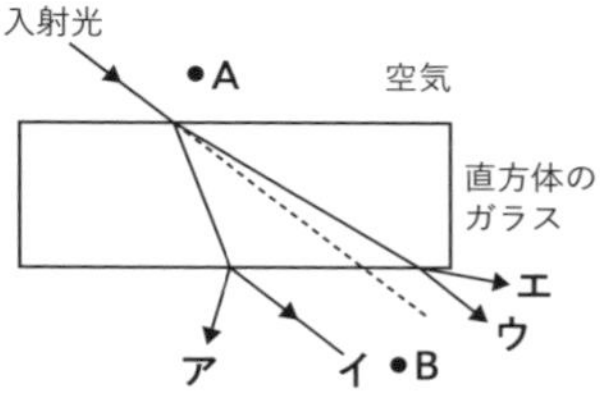

(1)　ガラスの面に図のように入射する光の道すじとして最も適切なのはどれか。図の**ア**～**エ**から選び，記号で答えよ。

(　　　)

(2)　図のAの位置に長い鉛筆《えんぴつ》を立て，Bの位置からガラスを通してその鉛筆を見たとき，ガラスの中に見える像《ぞう》はガラスの上に出ている実物に対してどのように見えるか。次の**ア**～**ウ**から選び，記号で答えよ。

(　　　)

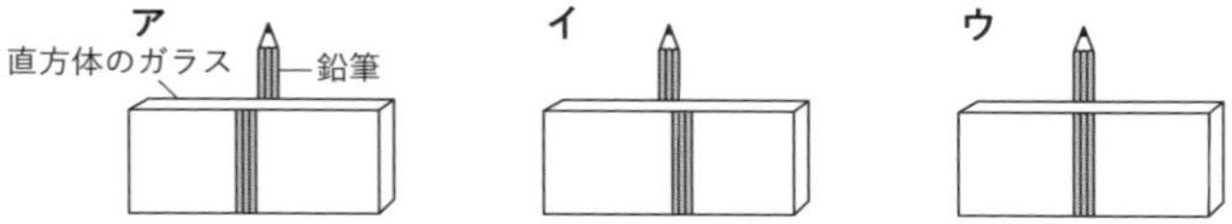

得点UP

1　入射角と反射角の大きさは等しい。

3　(1)空気→ガラスのときは，入射角＞屈折角，ガラス→空気のときはその逆。

凸レンズのはたらき

月　　日

点

合格点：80点／100点

1　右の図のAは光軸《こうじく》に平行な光，Bは凸《とつ》レンズの中心を通る光，Cは焦点《しょうてん》Fを通る光である。凸レンズを通過後のA～Cの光の道すじを図の中にかきなさい。（9点×3）

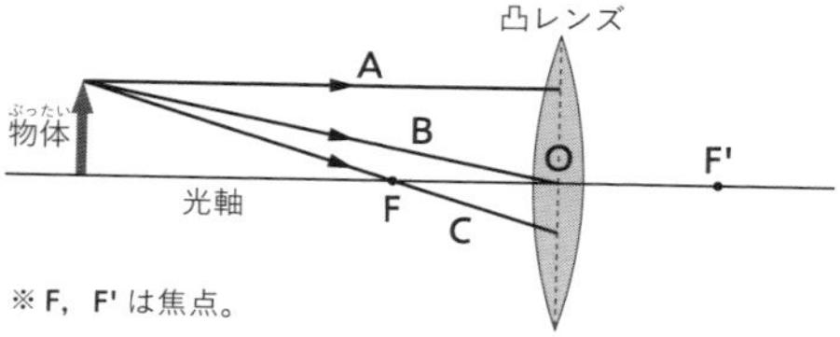

※F，F'は焦点。

2　右の図について，次の問いに答えなさい。（(1)10点×2，(2)8点）

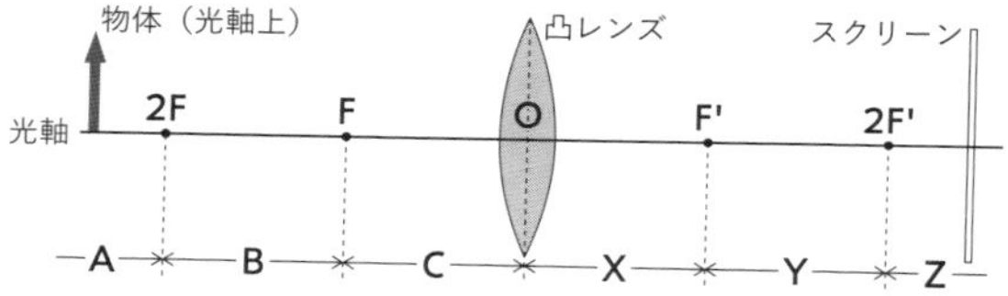

※F，F'は焦点。2F，2F'は焦点距離の2倍の位置。

(1)　Aの範囲《はんい》にある物体の像《ぞう》が鮮明《せんめい》にうつるのは，スクリーンがどの範囲にあるときか。X～Zから選び，記号で答えよ。また，その像は実像《じつぞう》か虚像《きょぞう》かを答えよ。

像の位置（　　　　）　像の種類（　　　　）

(2)　物体の位置が凸レンズから30 cmのとき，凸レンズから30 cmの位置でスクリーン上に鮮明な像ができた。凸レンズの焦点距離《きょり》は何cmか。（　　　　）

3　右の図のように，スクリーンに向かって，長さのちがう2本のろうそくをスクリーンと平行に置いて，凸レンズによってスクリーンにうつる像を凸レンズ側から調べた。次の問いに答えなさい。（15点×3）

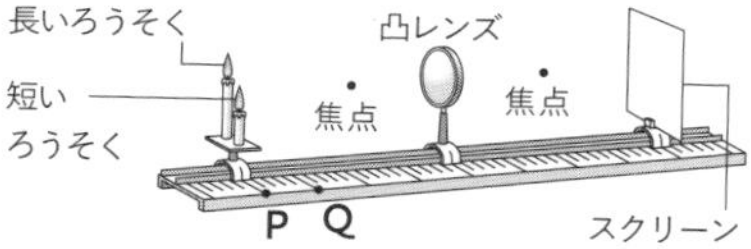

(1)　長さのちがう2本のろうそくをPの位置に置いて，スクリーンを動かし，像がはっきりうつるようにした。このときの像をア～エから選び，記号で答えよ。（　　　　）

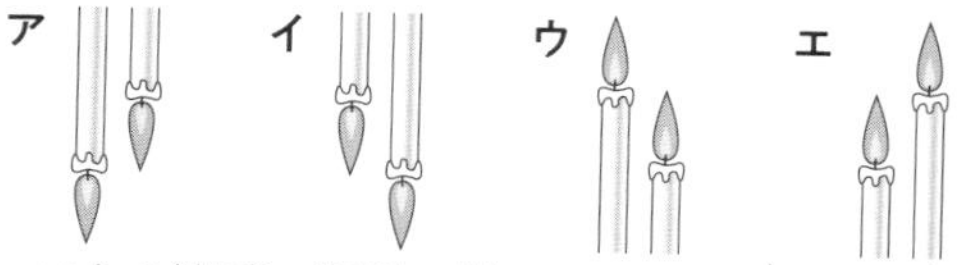

(2)　2本のろうそくをQの位置に置き，スクリーンに像がはっきりうつるようにしたとき，凸レンズからスクリーンまでの①距離，②像の大きさは，Pの位置のときと比べてそれぞれどうなるか。　①（　　　　）　②（　　　　）

得点UP

2　(2)物体が焦点距離の2倍の位置のとき，像も焦点距離の2倍の位置となる。

3　(2)ろうそくを焦点の外側で，凸レンズに近づけていくと，実像の位置は遠くなる。

音の性質

月　日

点

合格点：80点／100点

1　**右の図のように，ベルが鳴り続けている目覚まし時計が容器に入っている。次の問いに答えなさい。**（16点×2）

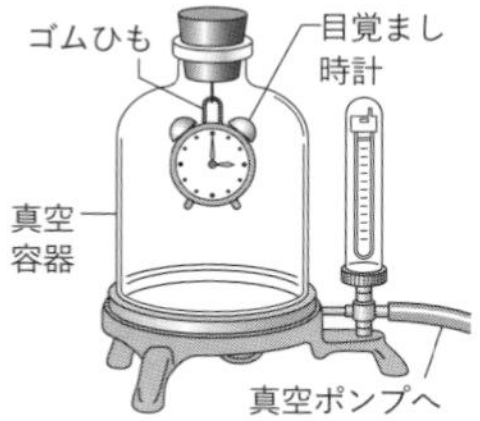

(1)　容器の空気をぬいていくと，聞こえてくるベルの音はどのように変化していくか。次の**ア**～**エ**から選び，記号で答えよ。（　　）

ア　高くなる　　**イ**　低くなる　　**ウ**　大きくなる　　**エ**　小さくなる

(2)　聞こえる音が(1)のようになったことから，音についてわかることを書け。

（　　　　　　　　　　）

2　**校庭の端《はし》でたいこをたたくと，校舎の壁《かべ》ではね返ってきた音が0.7秒後に聞こえた。たいこから校舎の壁までの距離《きょり》は何mか求めなさい。ただし，音の速さを340 m/sとする。**

（　　　　　）（20点）

3　**ギターやオシロスコープを用いて音の性質を調べる実験を行った。次の問いに答えなさい。**（16点×3）

図1

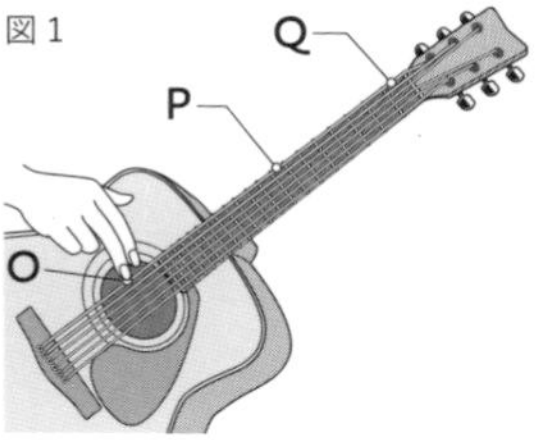

(1)　図1で，ギターに張られた1本の弦《げん》の**O**の位置をはじいたとき，最も高い音が出るのはどれか。右の表の**ア**～**エ**から選び，記号で答えよ。（　　）

記号	押《お》さえる位置	弦の張り方
ア	P	強く張る
イ	Q	
ウ	P	弱く張る
エ	Q	

(2)　図2は，ある2つの音**a**，**b**の波形を，オシロスコープの画面上に表したものである。

①**a**の音の高さ，②**a**の音の大きさは，**b**の音と比べてどうなっているか。それぞれ書け。

①（　　　　　）②（　　　　　）

図2

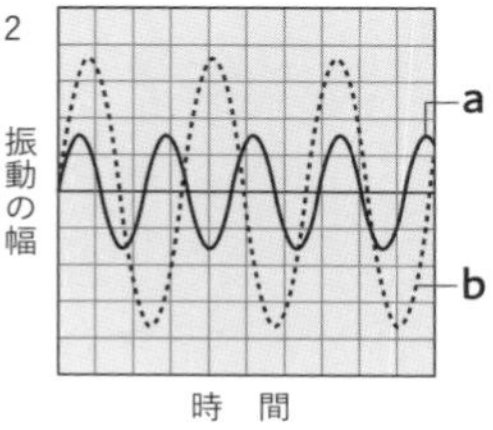

得点UP

2　音が0.7秒間に伝わる距離は，340 m/s ×0.7 s ＝238 m

3　(2)振動数《しんどうすう》は音の高低に，振動《しんどう》の幅《はば》（振幅《しんぷく》）は音の大小にかかわる。

力のはたらき

点

合格点：80点／100点

※100 g の物体《ぶったい》にはたらく重力《じゅうりょく》の大きさを1N とする。

1 右の図のように，物体を天井《てんじょう》からばねでつるして静止させた。次の問いに答えなさい。（10点×4）

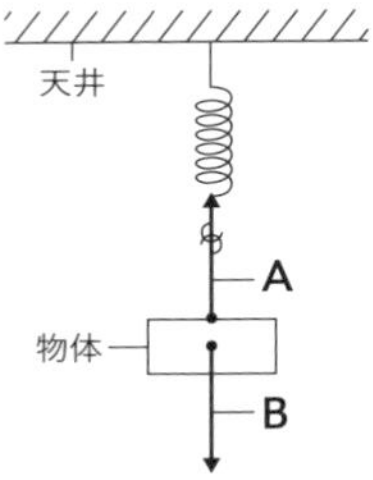

(1)　矢印 A，矢印 B が表す力を，次の**ア**～**エ**から選び，それぞれ記号で答えよ。　A（　　　）B（　　　）

ア　地球が物体を引く力　　**イ**　天井がばねを引く力

ウ　物体がばねを引く力　　**エ**　ばねが物体を引く力

(2)　矢印 B が表す力を何というか。名称《めいしょう》を書け。（　　　　）

(3)　力を矢印で表すとき，矢印の長さは何を表しているか。（　　　　）

2 右の図のように，ばねに 50 g のおもりをつるすと，2.5 cm ののびた。次の問いに答えなさい。（10点×3）

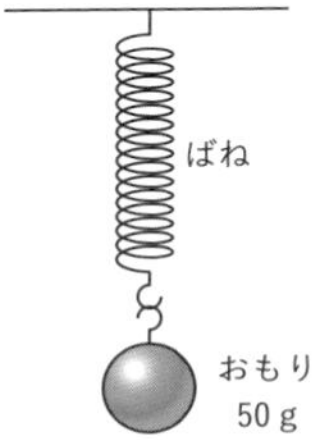

(1)　おもりにはたらく重力の大きさは何 N か。（　　　　）

(2)　このばねに 80 g のおもりをつるすと，ばねののびは何 cm になるか。（　　　　）

(3)　ばねののびが 7.5 cm のとき，何 g のおもりをつるしたか。（　　　　）

3 地球上で 300 g の物体を月面上に持っていった。次の問いに答えなさい。ただし，月面上の重力の大きさは，地球上の６分の１とする。（10点×3）

(1)　月面上で，この物体をばねばかりにつるすと何 N を示すか。（　　　　）

(2)　月面上で，この物体を上皿てんびんにのせると，何 g の分銅とつり合うか。（　　　　）

(3)　物体そのものの量を何というか。（　　　　）

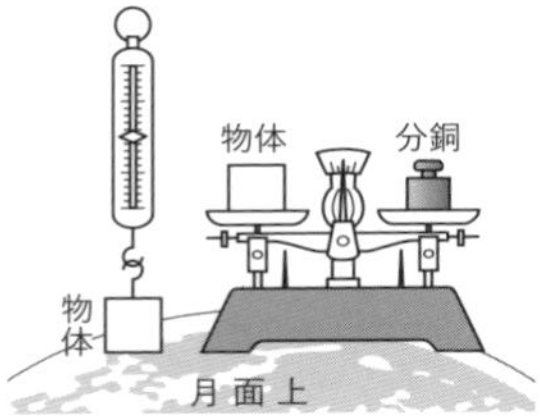

得点UP

1　(1)(2)矢印 B は，物体の中心から鉛直《えんちょく》下向きにはたらく力である。

2　(2)(3)ばねののびは，ばねを引く力の大きさに比例する。

力のつり合い

月　日

点

合格点：76 点 ／ 100 点

1

右の図について，次の問いに答えなさい。　(12点×3)

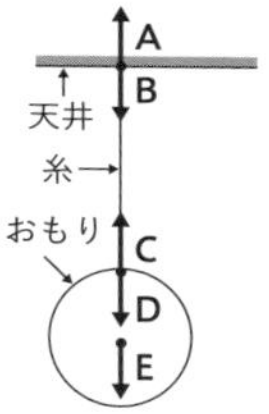

(1)　次の①，②にあてはまる力を，矢印 A～E から選べ。

①　糸が天井《てんじょう》を引く力（　　）　②　おもりが糸を引く力（　　）

(2)　図のおもりにはたらく力で，2力のつり合いの関係にある力はどれとどれか。矢印 A～E から選び，記号で答えよ。（　　　）

2

右の図のように，物体《ぶったい》ア～エにそれぞれ2つの力がはたらいている。これについて，次の問いに答えなさい。ただし，すべて選ぶときでも解答が1つの場合もある。　(14点×2)

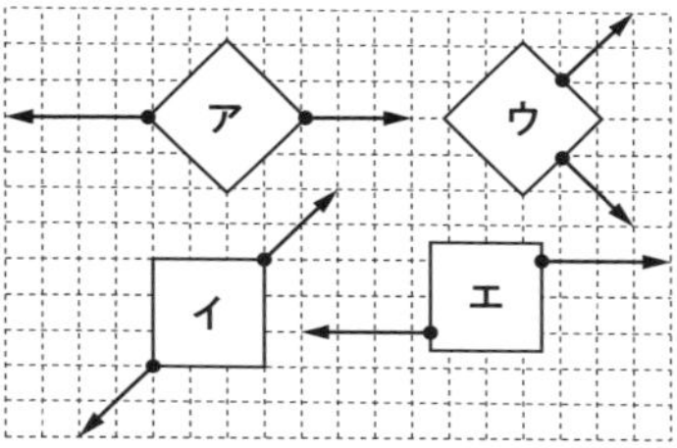

(1)　はたらいている2つの力がつり合っているのはどれか。あてはまるものをすべて選び，記号で答えよ。（　　　）

(2)　(1)の2つの力がつり合っている条件としてあてはまるものを，次の**ア**～**エ**からすべて選び，記号で答えよ。（　　　）

ア　力がたがいに逆向きである。　**イ**　力の作用線が一直線上にある。

ウ　力の作用線が平行にずれている。　**エ**　力の大きさが等しい。

3

力のつり合いについて，次の問いに答えなさい。ただし，質量《しつりょう》100 g の物体にはたらく重力《じゅうりょく》の大きさを1N とする。　(12点×3)

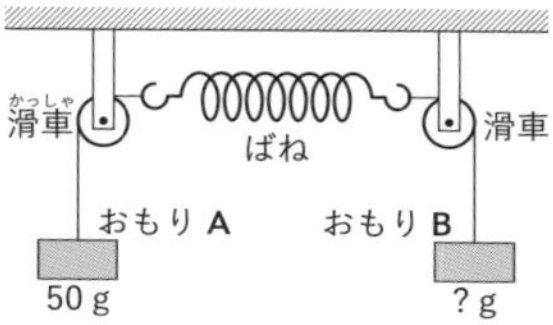

(1)　1N の力で4 cm のびるばねに，右の図のようにおもり A，B をつるしてつり合わせた。おもり B の質量は何 g か。（　　　）

(2)　(1)のとき，ばねののびは何 cm か。（　　　）

(3)　机《つくえ》の上に質量300 g の本を置いたとき，本が机から受ける垂直抗力《すいちょくこうりょく》の大きさは何 N か。（　　　）

得点UP

2　(2)選んだ条件がすべてそろうとき，2つの力はつり合う。

3　(2)ばねは両端《りょうたん》をおもりにはたらく重力に等しい力で引っ張られている。

火山活動と火成岩

月　　日

点

合格点：80 点／100 点

1

右の図は，日本の代表的な火山を3つのタイプに分け，模式的に示したものである。次の問いに答えなさい。（10点×3）

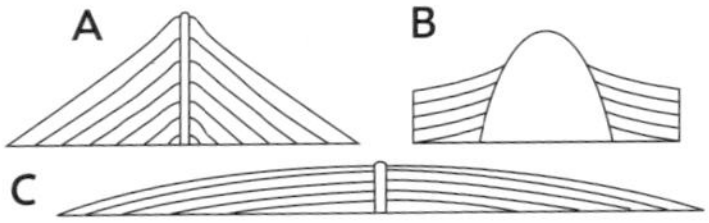

(1)　火山噴出物《ふんしゅつぶつ》のもとになっているもので，火山の地下深くにある高温で液体状の物質《ぶっしつ》を何というか。名称《めいしょう》を書け。（　　　）

(2)　図のように，火山の形が異なるのは何がちがうためか。（　　　）

(3)　(2)が最も強いと火山の形は A～C のどの形になるか。（　　　）

2

ある山で，岩石とその一部が風化《ふうか》してできた砂を採取した。右の図は，岩石をルーペで観察して，スケッチしたものである。次の文の①，②にあてはまるものを，下のア～エから選び，それぞれ記号で答えなさい。また，③にはあてはまる岩石の名称を書きなさい。（10点×3）

採取した砂を①（　　　）に入れ，水を加えて指の先で押《お》し洗いをし，にごった水を流すという作業をくり返したあと，乾燥《かんそう》させて②（　　　）に移し，ルーペで観察した。その結果，石英《せきえい》，長石《ちょうせき》，黒雲母《くろうんも》の3種類の鉱物《こうぶつ》が観察されたので，採取した岩石は深成岩《しんせいがん》の③（　　　）であることがわかった。

ア　ビーカー　　イ　ペトリ皿　　ウ　三角フラスコ　　エ　蒸発皿

3

右の表は，火成岩《かせいがん》をでき方のちがいにより2つに分けたものである。（8点×5）

	でき方	岩石の例
A	マグマが地表などで急に冷えて固まる。	安山岩
B	マグマが地下の深いところでゆっくり冷えて固まる。	花《か》こう岩《がん》

(1)　表中の A，B にあてはまる火成岩を何というか。それぞれ名称を書け。
A（　　　）B（　　　）

(2)　A，B の火成岩のつくりを，それぞれ何組織というか。名称を書け。
A（　　　）B（　　　）

(3)　A の安山岩《あんざんがん》のスケッチを，右のア～エから選べ。（　　　）

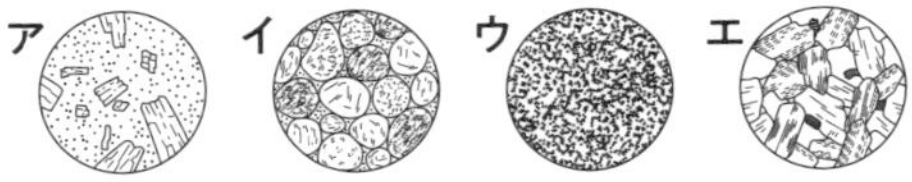

得点UP

1　(3)マグマのねばりけが強い火山では，激しく爆発的《ばくはつてき》な噴火をしたり，溶岩《ようがん》ドームをつくったりする。

3　(3)安山岩は，石基《せっき》の中に斑晶《はんしょう》が散らばっているつくりである。

地震の伝わり方

月　　日

点

合格点：80 点 ／ 100 点

1

次の文の①には語句を，②・③には数字を書きなさい。 (12点×3)

ある場所での地震《じしん》のゆれの程度を表したものを①（　　　　　）といい，②（　　　）段階で示される。最も大きなゆれを示す（　①　）は，数字で表すと③（　　　）である。

2

右の地震計の記録について，次の問いに答えなさい。 (12点×3)

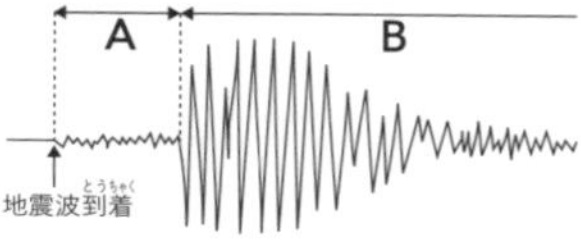

(1)　A のゆれの名称《めいしょう》を書け。　（　　　　　）

(2)　A のゆれは，地震の波の P《ピー》 波《は》と S《エス》 波《は》のどちらによって起こるか。　（　　　　　）

(3)　震源《しんげん》までの距離《きょり》を求めるときに必要なことを，次の**ア**～**エ**から選び，記号で答えよ。　（　　　）

ア　A のゆれの大きさ　　**イ**　A のゆれの継続《けいぞく》時間

ウ　B のゆれの大きさ　　**エ**　B のゆれの継続時間

3

右の地震のゆれの記録について，次の問いに答えなさい。 (10点×2)

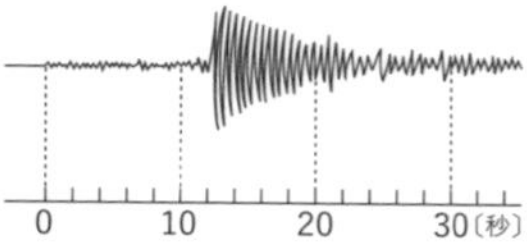

(1)　この地点での初期微動継続時間《しょきびどうけいぞくじかん》は何秒か。　（　　　　　）

(2)　この地震で，震源距離が 160 km の地点の初期微動継続時間が 20 秒だった。右のゆれを記録した地点の震源距離は何 km と考えられるか。　（　　　　　）

4

日本列島をのせた大陸プレートや海洋プレートについて，プレートのようすと動く向きを正しく表しているものの記号に○をつけなさい。 (8点)

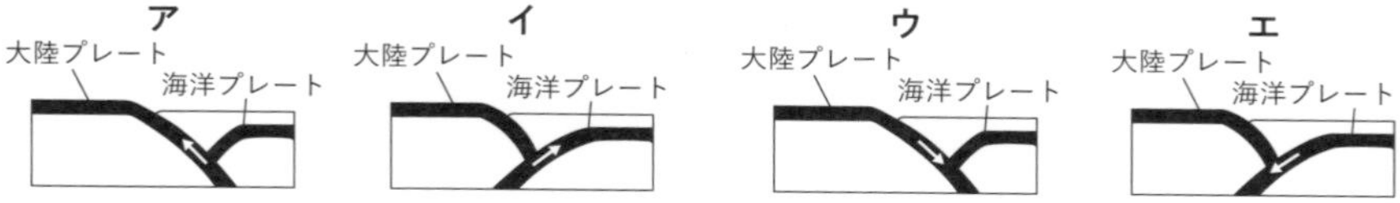

得点 UP

2　(1)地震のゆれには 2 種類あり，A ははじめに起こる小さなゆれ。

3　(2)初期微動継続時間は震源からの距離に比例する。

月　日
点
合格点：80 点／100 点

地層と過去のようす

1 右の図は，海岸付近の堆積物《たいせきぶつ》の垂直断面図である。次の問いに答えなさい。 (8点×5)

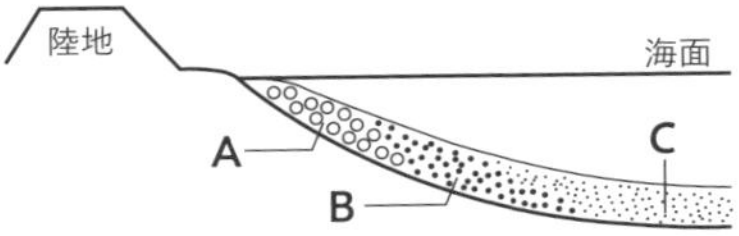

(1)　大地をつくる岩石が，気温の変化や風雨のはたらきによりもろくなる現象を何というか。 (　　　　)

(2)　流水に運ばれて海底に堆積するものに，れき・砂・泥《どろ》がある。図中の A～C に多く堆積するものはそれぞれどれか。　A(　　　　)　B(　　　　)　C(　　　　)

(3)　れき岩《がん》・砂岩《さがん》・泥岩《でいがん》などの堆積岩《たいせきがん》は何によって区別するか。(　　　　)

2 右の図は，あるがけの露頭《ろとう》のスケッチで，各層の岩石を示している。次の問いに答えなさい。 (12点×4)

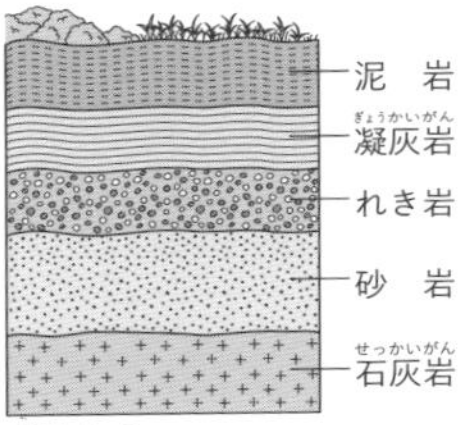

(1)　図の岩石のうち，この地域で過去に火山活動があったことがわかる岩石はどれか。 (　　　　)

(2)　泥岩の層の中からアンモナイトの化石《かせき》が見つかった。泥岩の層が堆積した時代を，次のア～ウから選び，記号で答えよ。

ア　古生代《こせいだい》　　イ　中生代《ちゅうせいだい》　　ウ　新生代《しんせいだい》 (　　　　)

(3)　砂岩の層の中にはアサリの化石があった。①当時ここはどのような場所であったと考えられるか。また，②このようなことがわかる化石を何というか。

①(　　　　)　②(　　　　)

3 右の図は，ある地層《ちそう》のスケッチである。次の問いに答えなさい。 (4点×3)

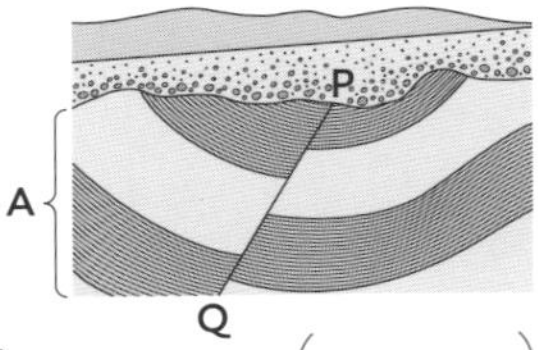

(1)　A 層のように，地層が大きな力を受け，波打つように曲がっている状態を何というか。 (　　　　)

(2)　図で，P－Q のように地層がずれた状態を何というか。 (　　　　)

(3)　図のようなずれは，地層に横から押《お》す力がはたらいてできたものか，それとも横に引っ張る力がはたらいてできたものか。 (　　　　)

得点UP

1 (3)粒《つぶ》の直径が，れきは 2 mm 以上，砂は 0.06 ～ 2 mm，泥は 0.06 mm 以下である。

2 (3)②地層が堆積した当時の環境《かんきょう》を知ることができる化石である。

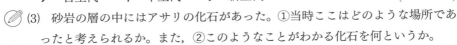

総復習テスト (理科)

月　日

点

目標時間：20 分　合格点：80 点／100 点

1 右の図で，物体《ぶったい》を点 A，B，C の位置に置いたとき，スクリーンにできる像《ぞう》を調べた。次の問いに答えなさい。 (6点×5)

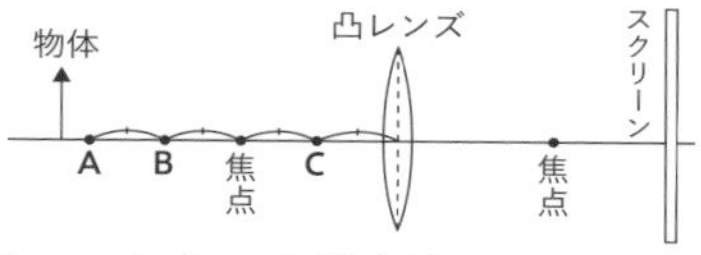

(1) 矢印の物体が図の位置にあるとき，①スクリーンにうつる像を次の**ア～エ**から選び，記号で答えよ。また，②このときの像を何というか。

①(　　　) ②(　　　)

ア 上下が逆で，物体より小さい。　**イ** 上下が逆で，物体より大きい。

ウ 上下が同じで，物体より小さい。　**エ** 上下が同じで，物体より大きい。

(2) 物体を点 A と B に置いたとき，凸《とつ》レンズから像までの距離《きょり》と像の大きさはどうなるか。次の**ア～エ**から選び，記号で答えよ。 (　　　)

ア B のほうが距離は短く，像の大きさは小さくなる。

イ B のほうが距離は短く，像の大きさは大きくなる。

ウ B のほうが距離は長く，像の大きさは小さくなる。

エ B のほうが距離は長く，像の大きさは大きくなる。

(3) 物体を点 C に置いた。

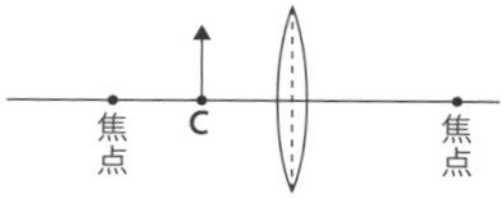

① このとき見える像を，右の図に作図せよ。

② ①でできた像を何というか。 (　　　)

2 右の A～D の小さな集気びんの中に，水素，空気，二酸化炭素，酸素のいずれかが入っている。この4種類の気体について，次の実験結果を得た。A～D の気体は何か。それぞれ気体の名称《めいしょう》を書きなさい。 (4点×4)

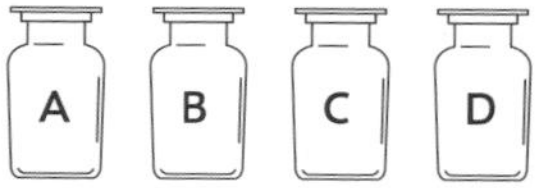

実験① 火のついた線香《せんこう》を入れたら，A は線香が炎《ほのお》を上げて燃えた。

② 燃えているろうそくの火を C のびんの口に近づけると，ポッと音がして気体が燃えた。また，B と D のびんの中に入れると，B ではろうそくの火が消え，D では変化しなかった。

A (　　　) B (　　　) C (　　　) D (　　　)

裏面へ

3

右のグラフは，ある地震《じしん》の震源《しんげん》からの距離《きょり》と2種類の波が届いた時刻との関係を示している。次の問いに答えなさい。 ((4)7点，他は4点×5)

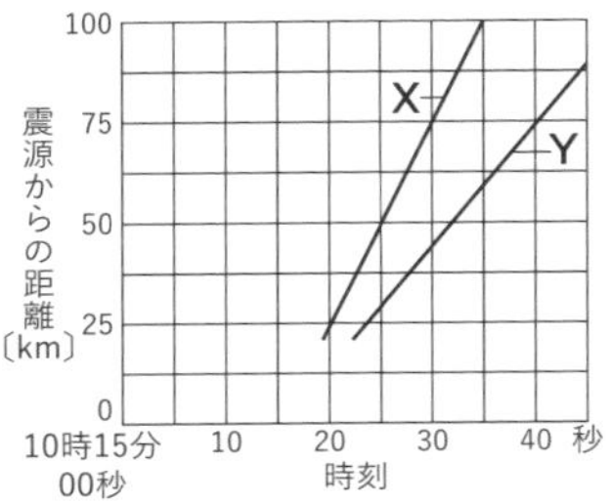

(1) 大きなゆれを起こす波は，①**X** と **Y** のうちどちらか。また，②その波が起こすゆれを何というか。 ①(　　　) ②(　　　　　)

(2) 次の文は，震源からの距離と初期微動継続時間，震度《しんど》の関係について述べたものである。①，②にあてはまる語を書け。

初期微動継続時間は，震源に近いほど①(　　　　)い。また，同じ地震による震度は，ふつう震源から遠いほど②(　　　　)い。

(3) ある地点で初期微動継続時間が10秒であった。この地点の震源からの距離をグラフから求めよ。 (　　　　)

(4) この地震が発生した時刻を求めよ。 (　　　　　　)

4

5種類の植物のいくつかの特徴を調べて，右のようになかま分けをした。 (3点×9)

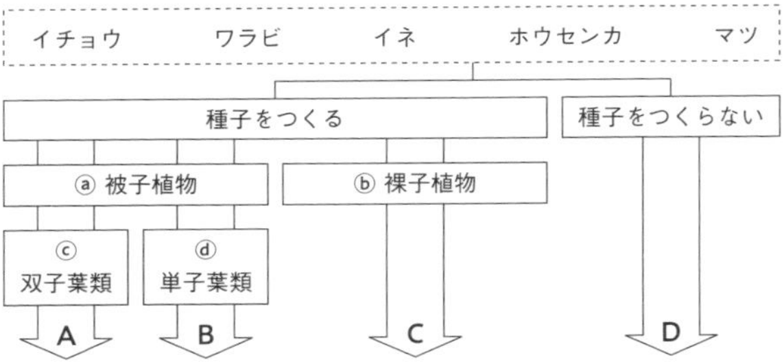

(1) ⓐにあてはまる植物とⓑにあてはまる植物の花のつくりで，胚珠《はいしゅ》の状態はどうなっているか。それぞれ書け。 ⓐ(　　　　　) ⓑ(　　　　　)

(2) 右の図は，ⓒにあてはまる植物とⓓにあてはまる植物のそれぞれの根，葉をスケッチしたものである。ⓓにあてはまる植物の根，葉にあたるものを**ア**～**エ**から選び，記号で答えよ。 根(　　　) 葉(　　　)

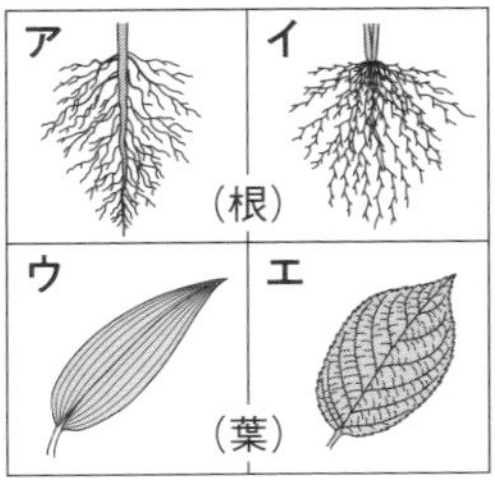

(3) **A**～**D** にあてはまる植物を上の[　　]からすべて選び，名称《めいしょう》を書け。

A(　　　　　) **B**(　　　　　) **C**(　　　　　) **D**(　　　　　)

(4) ハルジオンは **A**～**D** のどのなかまに入るか。1つ選び，記号で答えよ。

(　　　)

世界の姿

月　日

点

合格点：80点／100点

1　右の地図を見て，次の各問いに答えなさい。　((2)10点，他は9点×10)

(1)　**地図Ⅰ**のXの大陸，Yの海洋の名を答えなさい。

X（　　　　　　大陸）

Y（　　　　　　）

(2)　**地図Ⅰ**のZの位置を，緯度《いど》と経度《けいど》で表しなさい。

（　　　　　　　）

地図Ⅰ

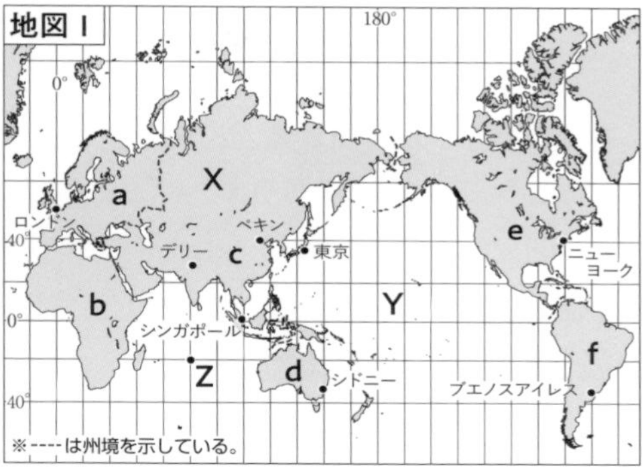

(3)　**地図Ⅰ**に示した都市のうち，次の①・②に当てはまる都市を，**地図Ⅱ**を参考にして1つずつ選びなさい。

①　東京《とうきょう》のおよそ南西に位置する。

②　東京からの距離《きょり》が最も遠い。

①（　　　　　　）②（　　　　　　）

地図Ⅱ

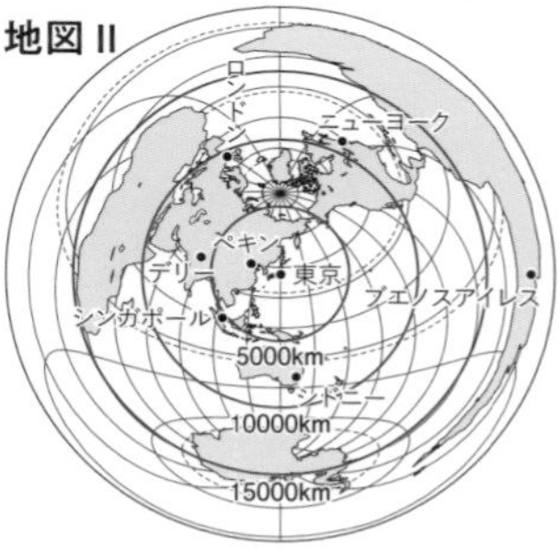

(4)　次の①～③の文に当てはまる国が属する州を，**地図Ⅰ**のa～fから1つずつ選び，その州名も答えなさい。

①　日本の真南に位置する大陸を含《ふく》み，日本とは季節が逆になる国。

②　3つの地域の旗を合わせた国旗をもち，本初子午線《ほんしょしごせん》が通る国。

③　インダス川にちなんで国名がつけられた国。

①（　・　　州）②（　・　　州）③（　・　　州）

(5)　次の①～③の文に当てはまる国を，あとの語群から選んで答えなさい。

①　国土面積が世界で最も大きい国。（　　　　　）

②　アフリカ大陸にあり，直線的な国境線をもつ国。（　　　　　）

③　日本の約25倍の面積で，東アジアに区分される国。（　　　　　）

〔　メキシコ　ロシア　モンゴル　中国《ちゅうごく》　チリ　エジプト　〕

得点UP

1　(2)経度0度の経線を**本初子午線**，緯度0度の緯線を**赤道**《せきどう》という。

時差と日本の領域

月　日

点

合格点：80点／100点

1 右の地図を見て，次の各問いに答えなさい。

（(3)20点，他は8点×2）

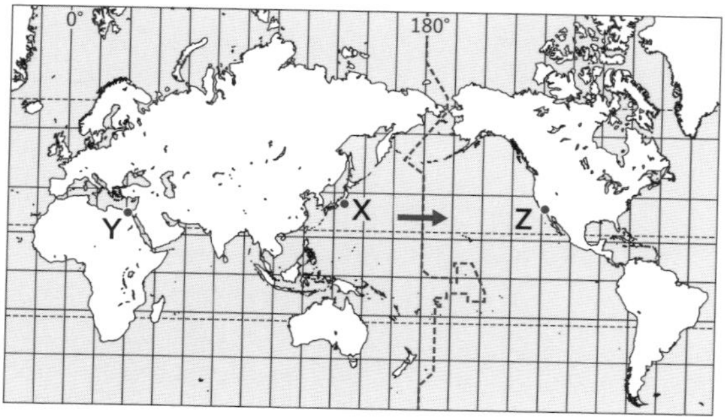

(1) 地図の- - - -の線を→の方向に越《こ》えた場合，日付はどうなりますか。解答《かいとう》欄《らん》に合うように答えなさい。

（日付を１日　　　　　　）

(2) 地図の X は東経《とうけい》135度，Y は東経30度の経線上の時刻を標準時としています。X と Y の時差は何時間ですか。

（　　　　時間）

(3) 地図の Z は西経《せいけい》120度の経線上の時刻を標準時としています。X が1月1日午前0時のとき，Z は何月何日何時ですか。

（　　　　　　　　）

2 右の地図を見て，次の各問いに答えなさい。

（8点×8）

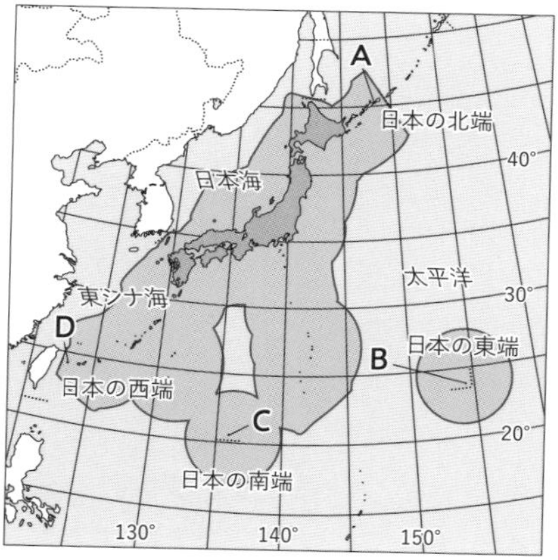

(1) 日本と，①同じ緯度《いど》にある国と，②同じ経度《けいど》にある国を，次のア～エから1つずつ選び，記号で答えなさい。

ア　イギリス　　イ　イタリア
ウ　オーストラリア　　エ　ブラジル

①（　　　）　②（　　　）

(2) 地図の A～D は，日本の東西南北の端《はし》の島です。島の名を答えなさい。

A（　　　　島）　B（　　　　島）
C（　　　　島）　D（　　　　島）

(3) 地図の A の島は日本固有の領土ですが，現在ある国に不法に占拠《せんきょ》されています。A の島を占拠している国の名を答えなさい。

（　　　　　　）

(4) 地図の ▭ の海域は，沿岸から200海里《かいり》以内の海域です。このうち，領海を除く海域を何といいますか。

（　　　　　　）

日本の都道府県と県庁所在地

点

合格点：80 点／100 点

1 右の図を見て，次の各問いに答えなさい。

（(2)10点×2，他は8点×4）

(1)　図は，面積の大きい都道府県第1位～5位です。B と C に当てはまる県を，次のア～エから1つずつ選び，記号で答えなさい。

ア　秋田《あきた》県　　イ　福島《ふくしま》県

ウ　鹿児島《かごしま》県　　エ　岩手《いわて》県

B（　　　）C（　　　）

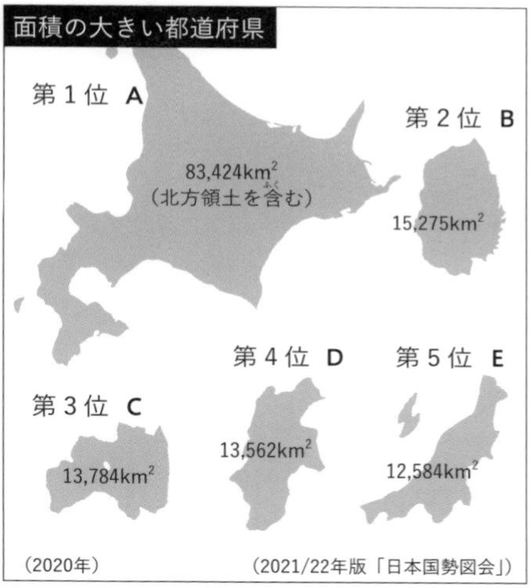

(2)　C と E は，7地方区分ではどの地方に属しますか。それぞれ答えなさい。

C（　　　　　）

E（　　　　　）

(3)　A と B の都道府県庁所在地名を，それぞれ答えなさい。

A（　　　　　市）B（　　　　　市）

2 次の各問いに答えなさい。

（8点×6）

(1)　次の①～③の文は，7地方区分のうちどの地方について述べたものですか。地方名をそれぞれ答えなさい。

①　9つの都道府県で構成され，日本海と太平洋《たいへいよう》に面している。海に面していない内陸県が3つある。

②　太平洋のみに面し，日本海には面していない。海に面していない内陸県が3つある。

③　7地方の中で最も面積が大きく，他の地方と陸地で接していない。

①（　　　　　）②（　　　　　）③（　　　　　）

(2)　(1)の①の文で述べている地方にある3つの内陸県を，すべて答えなさい。

（　　　　　）（　　　　　）（　　　　　）

memo

1 (1)面積の大きい都道府県は，東北地方に多い。

1　地理

世界の人々の生活と環境①

点

合格点：80点／100点

1 右の地図を見て，次の各問いに答えなさい。

((6)20点，他は10点×8)

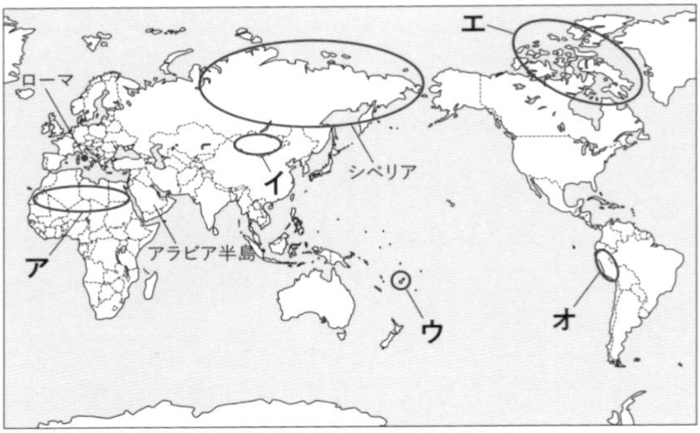

(1)　次の①～④の文が説明している地域を，地図の**ア**～**オ**から1つずつ選び，記号で答えなさい。

①　あざらしやカリブーの毛皮を衣服やテントに利用してきた。

②　強い日差しや砂ぼこりを避《さ》けるため，長そでで，たけの長い衣服を着用している。

③　アルパカの毛でつくったポンチョと呼ばれるマントを着用している。

④　高温多《た》湿《しつ》の気候で，キャッサバやタロいもなどを主食としている。

①（　　）②（　　）③（　　）④（　　）

(2)　5つの気候帯のうち，地図のローマが属する気候帯を何といいますか。

（　　　　）

(3)　地図のアラビア半島には，わき水などによって水を得やすい場所があります。このような場所を何といいますか。**カタカナ**で答えなさい。

（　　　　）

(4)　地図のシベリアには，地面の下に一年中こおったままの土《ど》壌《じょう》があります。この土壌を何といいますか。**漢字4字**で答えなさい。

（　　　　）

(5)　右の写真は，ある地域の遊牧民の住居です。この住居がみられる地域を，地図の**ア**～**オ**から1つ選び，記号で答えなさい。

（　　）

（ピクスタ）

(6)　右の写真の住居には，遊牧生活ならではの工夫がみられます。その工夫を説明しなさい。

（　　　　　　　　　　　　）

memo

1　(6)写真は，モンゴルの遊牧民のゲルと呼ばれる住居。遊牧は，移動が多いことに着目して考える。

世界の人々の生活と環境②

月　日

点

合格点：72 点／100 点

1 右の地図を見て，次の各問いに答えなさい。

((6)15点×2，他は14点×5)

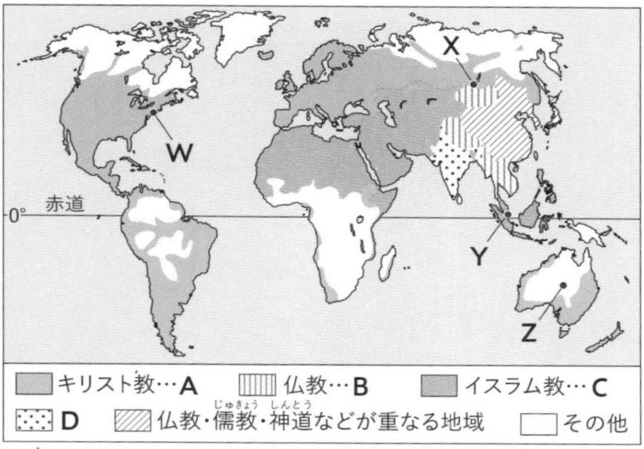

(1)　5つの気候帯のうち，地図の赤道《せきどう》の周辺に広がる気候帯を何といいますか。（　　　）

(2)　右下の雨温図は，地図のW～Zのいずれかの都市のものです。雨温図に当てはまる都市を，W～Zから1つ選び，記号で答えなさい。（　　　）

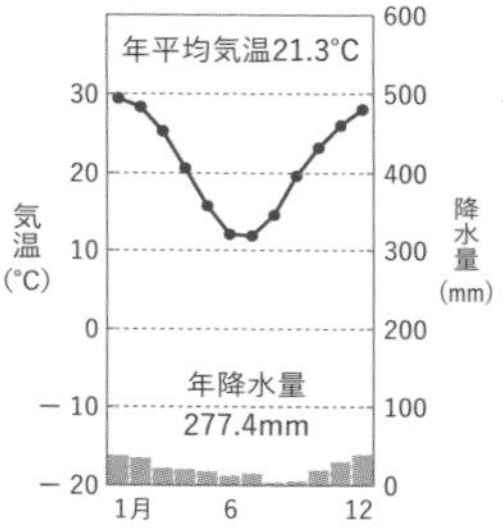

(2021年版「理科年表」)

(Cynet Photo)

(3)　地図は，世界の主な宗教の分布を表しています。Dに当てはまる宗教は何ですか。（　　　）

(4)　右の写真の衣服と関係が深い宗教を，地図のA～Dから1つ選び，記号で答えなさい。（　　　）

(5)　Aの宗教の説明として当てはまるものを，次のア～エから1つ選び，記号で答えなさい。（　　　）

ア　牛を神聖な動物としている。　**イ**　日曜日に教会に行き，礼拝《れいはい》を行う。

ウ　聖地メッカに向かって1日5回礼拝を行う。

エ　男性は一生に一度，出家《しゅっけ》して修行をする。

(6)　地図のB，Cの宗教を国民の大半が信仰《しんこう》している国を，次のア～エから1つずつ選び，記号で答えなさい。　B（　　　）C（　　　）

ア　サウジアラビア　**イ**　スペイン　**ウ**　アルゼンチン　**エ**　タイ

memo

1 (2)一年を通して降水量が少ないことや，気温の変化に着目する。

アジア州

月　　日

点

合格点：80点／100点

1　アジア州について，次の各問いに答えなさい。

((9)20点，他は10点×8)

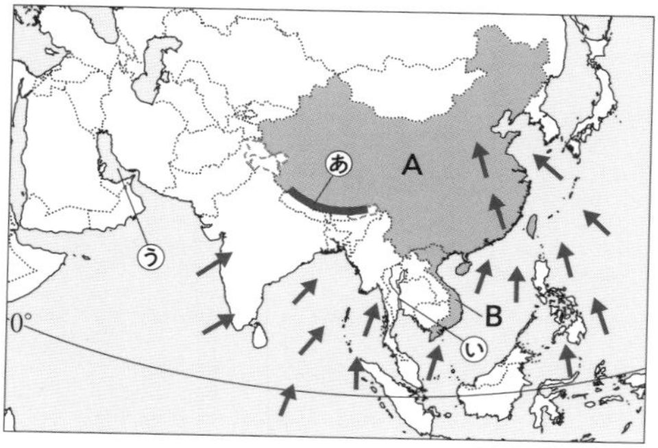

(1)　地図のあは，世界一高い山がある山脈です。この山脈名を答えなさい。（　　　　　　山脈）

(2)　地図の➡は，アジア東部の気候に影響《えいきょう》を与《あた》えている風です。この風を何といいますか。**カタカナ**で答えなさい。

（　　　　　　）

(3)　地図のいの川の下流域で栽培《さいばい》がさかんな農作物を，次の**ア～エ**から１つ選び，記号で答えなさい。

ア　小麦　　**イ**　綿花　　**ウ**　茶　　**エ**　米　　（　　　）

(4)　地図の **A** の国の沿岸部にあるシェンチェン，アモイ，スワトウなどは，外国企業《きぎょう》を誘致《ゆうち》するために経済面で特別な措置《そち》がとられている地区です。この地区を何といいますか。

（　　　　　　）

(5)　地図の **A** の国で1980年ごろから行われ2015年に廃止《はいし》された，一組の夫婦の子どもの数を一人に制限する政策を何といいますか。（　　　　　　）

(6)　近年，情報通信技術（ICT《アイシーティー》）産業が発展し，**A** の国とともに BRICS《ブリックス》 に含《ふく》まれる国を，次の**ア～エ**から１つ選び，記号で答えなさい。

ア　ベトナム　　**イ**　タイ　　**ウ**　シンガポール　　**エ**　インド　（　　　）

(7)　日本は地図のうの海の沿岸国から，ある鉱産資源を大量に輸入しています。この鉱産資源の名を答えなさい。（　　　　　　）

(8)　地図の **B** の国をはじめとする東南アジアの国々は，政治的・経済的な協力を強化する組織を結成しています。この組織の名を**アルファベット**で答えなさい。

（　　　　　　）

(9)　近年，多くの日本企業が南アジアや東南アジアに工場をつくり，製品を生産しています。日本企業がこれらの地域で生産する理由を答えなさい。

（　　　　　　　　　　　　　　　　　　　　　　　　　　　　）

ヨーロッパ州

点

合格点：72点／100点

1　**ヨーロッパ州について，次の各問いに答えなさい。**　((5)16点，他は14点×6)

(1)　ヨーロッパの言語は，ゲルマン系，ラテン系，スラブ系に分かれます。地図の**A**・**B**の国は何系の言語ですか，答えなさい。

A（　　　　　　　系）

B（　　　　　　　系）

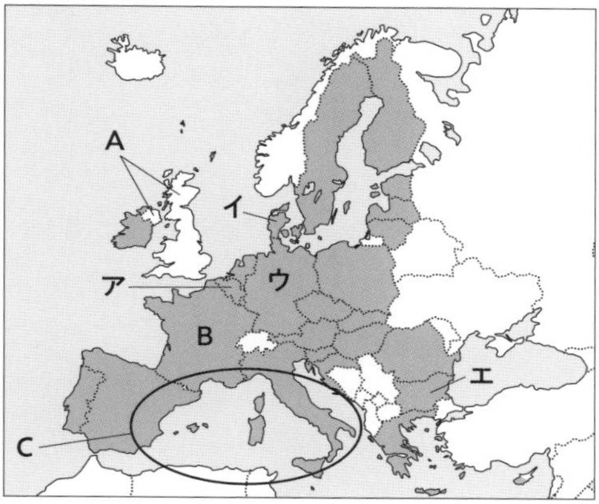

(2)　地図の ▬ の国々で結成されている，ヨーロッパを政治的・経済的に1つの国のようにしようとする組織の名を**アルファベット**で答えなさい。

（　　　　　　）

(3)　(2)の組織に加盟する多くの国々が導入している共通通貨を何といいますか。

（　　　　　　）

(4)　(2)の組織では，経済的に豊かな国と貧しい国の経済格差が問題となっています。右の表は，主な国の国民1人あたりのGDP《ジーディーピー》（国内総生産）をまとめたものです。**X**に当てはまる国を，地図の**ア**～**エ**から1つ選び，記号で答えなさい。

（　　　）

国名	1人あたりのGDP(ドル)
オランダ	53053
スウェーデン	52896
フランス	40319
イタリア	33090
X	9703

(2019年)　(2021/22年版「世界国勢図会」)

(5)　地図の**A**や**B**などのヨーロッパ西部に位置する国々の気候が高緯度《こういど》のわりに温暖な理由を，海流と風の名に触《ふ》れて答えなさい。

（　　　　　　　　　　　　　　　　　　　　）

(6)　地図の**C**の地域で栽培《さいばい》がさかんな農作物として**適切ではないもの**を，次の**ア**～**エ**から1つ選び，記号で答えなさい。

ア　オリーブ　　**イ**　バナナ　　**ウ**　小麦　　**エ**　ぶどう　　（　　　）

アフリカ州

月　日

点

合格点：80点／100点

1 アフリカ州について，次の各問いに答えなさい。

((5)20点，他は10点×8)

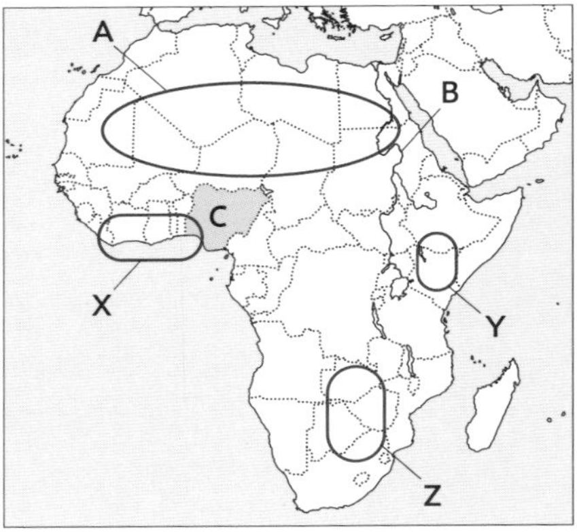

(1)　地図のAの砂漠《さばく》，Bの川の名をそれぞれ答えなさい。

A（　　　　　　　）

B（　　　　　　　）

(2)　かつてヨーロッパの国々がアフリカを植民地にしたときに開いた，特定の農作物を大量に栽培《さいばい》するための大農園を何といいますか。**カタカナ**で答えなさい。（　　　　　　　）

(3)　地図のX・Yの地域で，古くから栽培がさかんな農作物を，次の**ア**～**エ**から1つずつ選び，記号で答えなさい。

ア　コーヒー　　**イ**　カカオ　　**ウ**　綿花　　**エ**　さとうきび

X（　　　）　Y（　　　）

(4)　右のグラフは，地図のCの国の主な輸出品の割合です。Cの国のように，特定の農作物や鉱産資源の輸出に頼《たよ》った経済を何といいますか。

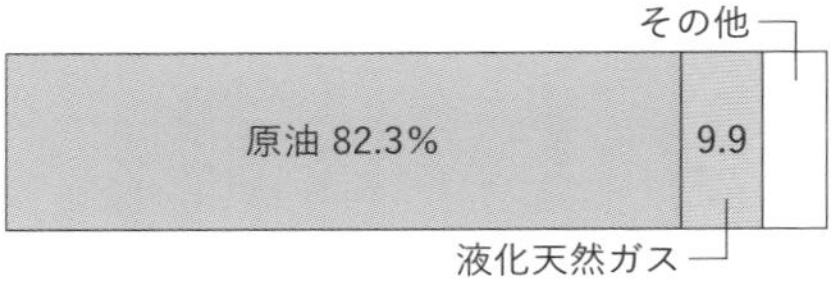

(2018年)　　(2021/22年版「世界国勢図会」)

（　　　　　　　）

(5)　(4)の経済の問題点を，「国際価格」の語句を使って答えなさい。

（　　　　　　　　　　　　　　　　　　　　　　　　）

(6)　地図のZの地域では，マンガン，クロムなど，流通量の少ない金属が豊富です。これらの金属をまとめて何といいますか。（　　　　　　　）

(7)　アフリカの政治や経済などの結びつきの強化や，民族間の対立の解決などを目指して，2002年に発足《ほっ　そく》した組織を何といいますか。（　　　　　　　）

memo

1 (2)現在，この大農園は現地の人々によって経営されているところが多い。

北アメリカ州

月　日

点

合格点：78点／100点

1　**北アメリカ州について，次の各問いに答えなさい。**　((3)8点×2，他は14点×6)

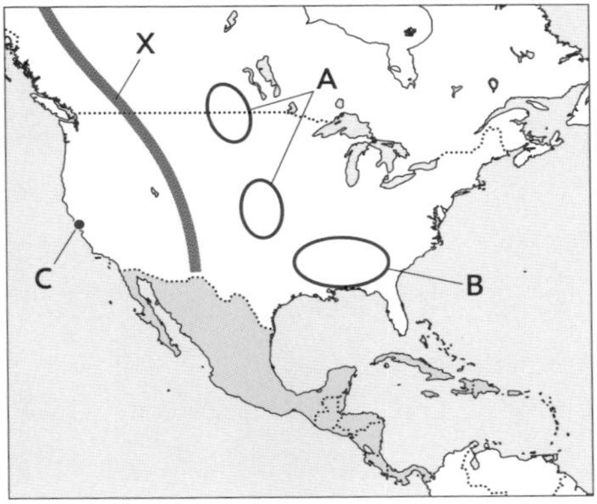

(1)　地図の ▒ の国々からアメリカ合衆国《がっしゅうこく》に移住した人々とその子孫で，スペイン語を話す人々を何といいますか。

（　　　　　）

(2)　地図のXの山脈を何といいますか。　（　　　　　）

(3)　地図のA・Bの地域で栽培《さいばい》がさかんな農作物を，次のア～エから1つずつ選び，記号で答えなさい。

ア　米　　イ　小麦　　ウ　とうもろこし　　エ　綿花

A（　　　）B（　　　）

(4)　アメリカ合衆国の農業について述べた文として**誤っているもの**を，次のア～エから1つ選び，記号で答えなさい。

ア　穀物メジャーと呼ばれる大企業《だいきぎょう》が穀物の売買や農薬の開発を行い，世界の穀物価格に大きな影響《えいきょう》を与《あた》えている。

イ　狭《せま》い農地で大勢の人手と肥料を使って，多くの収穫《しゅうかく》をあげている。

ウ　地域の気候や土壌《どじょう》に合った作物を栽培する適地適作《てきちてきさく》が行われている。

エ　大農場を経営する農場主が労働者を雇《やと》って，大型機械を使って作業させている。

（　　）

(5)　次の文のY・Zに当てはまる語句を，それぞれ答えなさい。

◇　かつてアメリカ合衆国の工業の中心は，カナダとの国境にある［　Y　］湖周辺だったが，1970年代以降は北緯《ほくい》37度以南の［　Z　］と呼ばれる地域に移っている。

Y（　　　　　）Z（　　　　　）

(6)　地図のCの都市の郊外《こうがい》には，ICT《アイシーティー》関連の企業や研究所などが集中しています。この地域を何といいますか。

（　　　　　）

月　日

点

合格点：78 点／100 点

南アメリカ州

1 南アメリカ州について，次の各問いに答えなさい。 （(1)②22点，他は13点×6）

(1) 地図のAの川について，次の各問いに答えなさい。

① この川の流域では，伝統的に森林を焼き払《はら》い，その灰を肥料とする農業が行われてきました。この農業を何といいますか。

（　　　　　）

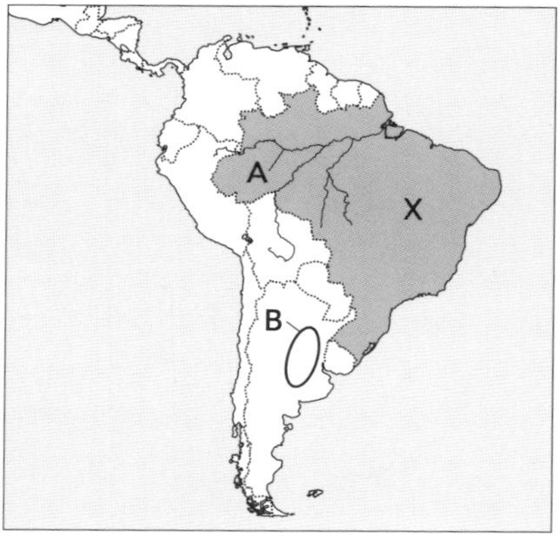

② この川の流域では，熱帯雨林の減少が問題になっています。熱帯雨林の減少が進んでいる理由を答えなさい。

（　　　　　　　　　　　　　　　　　　　　　）

(2) 地図のBには，パンパと呼ばれる草原が広がっています。この地域では，牧《ぼく》畜《ちく》のほかに農作物の栽培《さいばい》もさかんです。この地域で栽培がさかんな農作物を，次の**ア**～**エ**から1つ選び，記号で答えなさい。

ア 米　**イ** 小麦　**ウ** 綿花　**エ** じゃがいも　（　　）

(3) 地図のXの国について，次の各問いに答えなさい。

① かつてXの国を植民地支配した国はどこですか。（　　　　）

② 右の表は，植民地時代からXの国の大農園で栽培されてきた農作物の生産量の割合を表したものです。この農作物は何ですか。

（　　　　　）

X	30.0%
ベトナム	16.8
コロンビア	8.8
インドネシア	7.6
その他	36.8

（2019年）　（2021/22年版「世界国勢図会」）

③ 日本はXの国から，ある鉱産資源を大量に輸入しています。その鉱産資源を，次の**ア**～**エ**から1つ選び，記号で答えなさい。

ア 石油　**イ** 石炭　**ウ** 鉄鉱石　**エ** 天然ガス　（　　）

④ 近年，Xの国では，さとうきびなどを原料にした燃料を自動車などに利用しています。この燃料を何といいますか。（　　　　）

オセアニア州

月　日
点
合格点：80点／100点

1　**オセアニア州について，次の各問いに答えなさい。**　(10点×10)

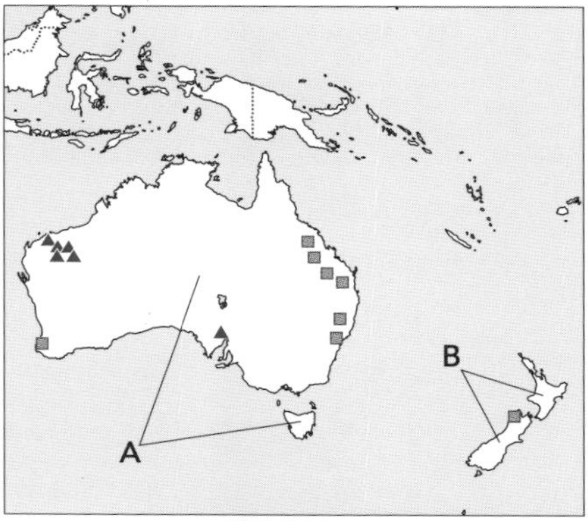

(1)　次の文のWに当てはまる語句を答えなさい。　(　　　　　　)

◇　オセアニア州に属する太平洋上の島々の周辺には，右下の写真のような，石灰質のからをもつ生物の死がいなどが積み重なってできた［　W　］がみられる。

(2)　地図のA・Bの国の先住民をそれぞれ何といいますか。

A (　　　　　　)　B (　　　　　　)

(Cynet Photo)

(3)　地図の▲・■はある鉱産資源の主な産出地です。当てはまる鉱産資源を次の**ア**～**エ**から1つずつ選び，記号で答えなさい。

ア　鉄鉱石　**イ**　金　**ウ**　石油　**エ**　石炭　▲(　　　)　■(　　　)

(4)　右のグラフは，地図のA・Bの国で飼育がさかんなある家《か》畜《ちく》の毛の国別輸出量の割合です。この家畜の名を答えなさい。　(　　　　　)

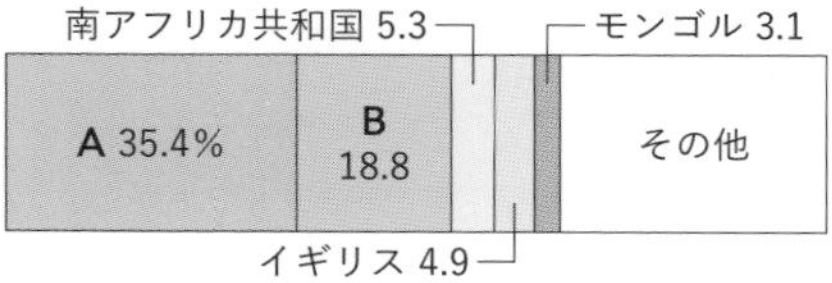

(2019年)　(2021/22年版「世界国勢図会」)

(5)　地図のAの国で1970年代初めまでとられていた，ヨーロッパ系以外の移民を制限する政策を何といいますか。　(　　　　　　)

(6)　次の文のXに当てはまる国名と，Y・Zに当てはまる語句を答えなさい。

◇　A・Bの国は，かつては旧支配国の［　X　］をはじめとするヨーロッパの国々との貿易がさかんだったが，現在は日本や中国を中心とする［　Y　］州の国々との貿易がさかんになっている。近年，Aの国では，［　Y　］の地域からの移民が増えたことを背景に，互《たが》いの文化や価値観を尊重する［　Z　］社会（主義）が目指されている。

X (　　　　　　)　Y (　　　　　　)　Z (　　　　　　)

文明のおこり

月　日

点

合格点：72点／100点

1　次の各問いに答えなさい。

（(3)②16点，他は6点×14）

(1)　次の①～③のうち，旧石器時代に始まったことにはA，新石器時代に始まったことにはBをそれぞれ書きなさい。

①　土器がつくられた。　　②　狩《か》りや採集で食料を確保した。

③　磨製《ませい》石器が使われた。　　①（　　　）②（　　　）③（　　　）

(2)　右の地図のA～Dの地域に発生した古代文明について説明した文を，次の**ア～エ**から1つずつ選び，記号で答えなさい。

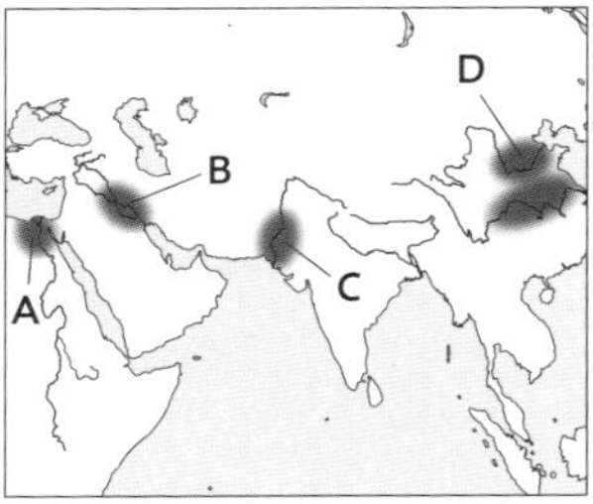

ア　チグリス川・ユーフラテス川流域で栄えた。

イ　黄河《こうが》《ホワンホー》・長江《ちょうこう》《チャンチヤン》流域で栄えた。

ウ　モヘンジョ＝ダロの遺跡《いせき》が残っている。

エ　太陽暦《たいようれき》や象形《しょうけい》文字が残っている。

A（　　　）B（　　　）C（　　　）D（　　　）

(3)　右上の地図のDの文明について，次の文を読み，あとの①・②に答えなさい。

◇　紀元前1600年ごろにおこった<u>国家</u>では，（　a　）文字が使われた。その後，中国を統一する<u>国家</u>が現れ，その王である（　b　）は，北方の遊牧民の侵《しん》入《にゅう》を防ぐために（　c　）を築いた。この国家に代わって支配を広げた<u>国家</u>は中央アジアにまで領土を広げ，（　d　）を通じて西方との交易が行われた。

①　a～dに当てはまる語句をそれぞれ答えなさい。　a（　　　　）

b（　　　　）c（　　　　）d（　　　　）

②　文中の3つの国家を下の語群から選び，年代の古い順に並べなさい。

〔語群〕秦《しん》　漢《かん》　殷《いん》　（　　　→　　　→　　　）

(4)　紀元前8世紀ごろからギリシャでつくられた都市国家を何といいますか。**カタカナ**で答えなさい。

（　　　　）

(5)　①紀元前6世紀ごろ仏教を開いた人物，②7世紀初めにムハンマドが開いた宗教をそれぞれ答えなさい。　①（　　　　）②（　　　　教）

得点UP

1　(3)①　dによって中国産の絹《きぬ》が，ペルシャやローマ帝国《ていこく》に運ばれた。

旧石器～弥生時代

月　日

点

合格点：80点／100点

1　次のA～Cの文を読んで，あとの各問いに答えなさい。　((1)5点×6，他は7点×10)

A　今から200万年ほど前，人々は石を打ち欠いた（　①　）石器をつくり始めた。

B　人々は，a土器をつくって採集・狩《か》り・漁をして生活し，（　②　）に住んだ。住居の近くには，貝がらや魚の骨などを捨《す》てた（　③　）ができた。

C　b稲作《いなさく》が始まり，つり鐘《がね》の形をした（　④　）などの青銅器《せいどうき》や鉄器が伝わった。中国と交流する国が現れ，王が漢《かん》の皇帝《こうてい》から金印《きんいん》を授《さず》かった（　⑤　）や，c女王が魏《ぎ》の皇帝に使いを送った（　⑥　）などがそれである。

(1)　①～⑥に当てはまる語句をそれぞれ答えなさい。

①（　　　　）②（　　　　）③（　　　　）

④（　　　　）⑤（　　　　）⑥（　　　　）

(2)　Aの時代を何といいますか。（　　　　）

(3)　下線部aについて，Bの時代につくられた，表面に縄目《なわめ》のような文様《もんよう》がつけられている土器を何といいますか。また，この土器がつくられたBの時代を何といいますか。　土器（　　　　）時代（　　　　）

(4)　Bの時代に，食物の豊かな実りなどを祈《いの》ってつくられた右の写真のような土製品を何といいますか。（　　　　）

(ColBase)

(5)　下線部bについて，次の各問いに答えなさい。

①　稲作ははじめに日本のどの地域の北部に伝わりましたか。

（　　　　北部）

②　稲の穂《ほ》をつみとる道具，稲の穂を貯蔵《ちょぞう》した倉庫をそれぞれ何といいますか。

道具（　　　　）倉庫（　　　　）

(6)　下線部cについて，①この女王の名と，②このことが書かれた中国の歴史書の名をそれぞれ答えなさい。　①（　　　　）②（　　　　）

(7)　大規模《だいきぼ》な環濠《かんごう》集落を復元した，佐賀《さが》県にあるCの時代を代表する遺跡を何といいますか。（　　　　）

得点UP

1　(1)④青銅器は主に祭りの宝物《ほうもつ》として用いられた。

古墳時代

月　日

点

合格点：80点／100点

1 次の文を読んで，あとの各問いに答えなさい。

（(2)10点×3，他は7点×10）

3世紀後半，奈良盆地《ならぼんち》を中心とする地域に，王や有力な豪族《ごうぞく》らが連合して，a 強大な勢力をつくり，墓として b 古墳《こふん》をつくるようになった。

朝鮮《ちょうせん》半島との交流がさかんになると，c 朝鮮半島や中国から日本に一族で移り住む人々が増え，さまざまな技術や文化を伝えた。

(1) 下線部 a について，①この勢力を何といいますか。また，②この勢力の王は5世紀後半には何と呼ばれるようになりましたか。

①（　　　　　）　②（　　　　　）

(2) 下線部 b について，次の各問いに答えなさい。

（学研写真資料）

① 右の写真は，大仙《だいせん》（大山《だいせん》）古墳を示しています。大仙古墳が位置する都道府県名を答えなさい。（　　　　　）

② 写真のような古墳の形状を何といいますか。

（　　　　　）

③ 古墳の上や周りに置かれた土製品を何といいますか。（　　　　　）

(3) 下線部 c について，次の各問いに答えなさい。

① このような人々を何といいますか。（　　　　　）

② 次のア～エのうち，このころ①の人々から伝えられた技術や文化として正しいものには○，誤っているものには×をそれぞれ書きなさい。

ア　土偶《どぐう》の製法　　イ　須恵器《すえき》の製法

ウ　儒学《じゅがく》（儒教《じゅきょう》）　　エ　仏教

ア（　　）　イ（　　）　ウ（　　）　エ（　　）

③ 右の地図は，5世紀ごろの朝鮮半島の様子を示しています。地図の X～Z に当てはまる国名を，次の語群から1つずつ選んで書きなさい。

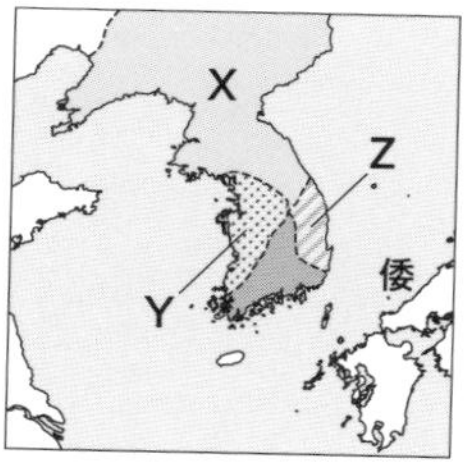

〔語群〕 百済《くだら》《ベクチェ》　新羅《しらぎ》《シルラ》　高句麗《こうくり》《コグリョ》

X（　　　　）　Y（　　　　）　Z（　　　　）

得点UP

1 (2)②前が方形で後ろが円形になっている。③古墳の崩《くず》れ止めや飾《かざ》りとして使われたとされる。

飛鳥～奈良時代

月　日

点

合格点：79点／100点

1　次のA～Cの文を読んで，あとの各問いに答えなさい。　((7)16点，他は7点×12)

A　私は，おばの推古《すいこ》天皇を助け，（　①　）氏と協力して，a天皇中心の国づくりを進めました。

B　私は，中臣鎌足《なかとみのかまたり》と協力してb政治の改革を始めました。c私の死後の701年，唐《とう》のd律令《りつりょう》にならった（　②　）が制定されました。

C　私は，e都に東大寺《とうだいじ》，国ごとに国分寺《こくぶんじ》・国分尼《に》寺をつくらせました。

(1)　①・②に当てはまる語句をそれぞれ答えなさい。

①（　　　　）②（　　　　）

(2)　下線部aについて，この目的で定められた右のきまりを何といいますか。

（　　　　）

> 一に曰《いわ》く，和《わ》をもって貴《たっと》しとなし，さからうことなきを宗《むね》とせよ。　（一部）

(3)　Aの人物によって607年に創建され，世界遺産《いさん》に登録されている寺院を何といいますか。また，この寺院に代表される，日本で最初の仏教文化を何といいますか。

寺院（　　　　）文化（　　　　）

(4)　下線部bの政治の改革を何といいますか。（　　　　）

(5)　下線部cについて，Bの人物の死後，そのあとつぎをめぐって672年に起こった戦乱を何といいますか。（　　　　）

(6)　下線部dについて，律令制のもと成年男子に課された，地方の特産物を都に納める税を何といいますか。（　　　　）

(7)　下線部eについて，この理由を，「仏教」の語句を使って答えなさい。

（　　　　）

(8)　Cの人物のころ，口分田《くぶんでん》が不足してきたことから出されたきまりを，次のア～ウから1つ選び，記号で答えなさい。

ア　冠位十二階《かんいじゅうにかい》　イ　班田収授法《はんでんしゅうじゅのほう》　ウ　墾田永年私財法《こんでんえいねんしざいのほう》　（　　）

(9)　A～Cの人物の名前をそれぞれ答えなさい。

A（　　　　）B（　　　　）C（　　　　）

得点UP

1　(5)この戦乱に勝利した大海人《おおあまの》皇子が，翌年**天武《てんむ》天皇**として即位《そくい》した。

月　日

平安時代

点
合格点：80点／100点

1 次のA～Cの文を読んで，あとの各問いに答えなさい。 （(6)10点×2，他は8点×10）

A　794年，桓武《かんむ》天皇は，新しい都で政治を立て直そうと，（　①　）に都を移した。また，（　②　）を征夷大将軍《せいいたいしょうぐん》に任命して a 朝廷《ちょうてい》の支配を広げた。

B　娘《むすめ》を天皇のきさきにして，その子を次の天皇にし，朝廷の重要な役職を独《どく》占《せん》する（　③　）政治を行った藤原《ふじわら》氏には，たくさんの b 土地が寄進《きしん》された。

C　（　④　）とともに留学した c 最澄《さいちょう》と空海《くうかい》は，新しい仏教を日本に伝えた。やがて，④が停止されると，d 日本風の文化である（　⑤　）文化が栄えた。

(1)　①～⑤に当てはまる語句をそれぞれ答えなさい。

①（　　　　）②（　　　　）③（　　　　政治）
④（　　　　）⑤（　　　　文化）

(2)　下線部aについて，②の人物は現在の何地方に支配を広げましたか。

（　　　　）

(3)　下線部bについて，貴族や寺社が所有した私有地を何といいますか。

（　　　　）

(4)　Bのころ，右の歌を詠《よ》んだ人物は誰《だれ》ですか。

（　　　　）

> この世をば　わが世とぞ思う　望月《もちづき》の欠けたることも　無しと思えば

(5)　下線部cについて，最澄と空海が開いた仏教の宗派をそれぞれ答えなさい。　最澄（　　　　）空海（　　　　）

(6)　下線部dについて述べた文として正しいものを，次のア～オから2つ選び，記号で答えなさい。

ア　貴族は校倉造《あぜくらづくり》の住居に住み，女性は十二単《ひとえ》などを着ていた。

イ　日本語の発音を表す仮名文字で，清少納言《せいしょうなごん》が『源氏《げんじ》物語』を書いた。

ウ　浄土信仰《じょうどしんこう》（浄土の教え）が広まり，宇治《うじ》に平等院鳳凰堂《びょうどういんほうおうどう》が建てられた。

エ　和歌がさかんになり，紀貫之《きのつらゆき》らが『古今《こきん》和歌集』をまとめた。

オ　『古事記《こじき》』や『日本書紀《にほんしょき》』がつくられた。　（　　）（　　）

得点UP

1　(4)子の頼通《よりみち》とともに，藤原《ふじわら》氏の全盛期を築いた人物。

月　　日

平安～鎌倉時代

点

合格点：80点／100点

1

右の年表を見て，次の各問いに答えなさい。　((5)10点×2，他は8点×10)

世紀	できごと
11	白河《しらかわ》上皇が政治を行う…A
12	平治《へいじ》の乱が起こる………B
12	鎌倉《かまくら》幕府が開かれる……C
13	承久《じょうきゅう》の乱が起こる………D
13	[　X　]が出される
13	元《げん》軍が襲来《しゅうらい》する…………E

(1)　Aの政治を何といいますか。　(　　　　　)

(2)　Bの乱に勝ち，政治の実権を握《にぎ》った人物は誰《だれ》ですか。また，この人物について述べた文として正しいものを，次のア～エから1つ選び，記号で答えなさい。

ア　大《おお》阪《さか》の港を修築した。

イ　中国の唐《とう》と貿易を始めた。

ウ　娘《むすめ》を天皇のきさきにして，一族で朝廷《ちょうてい》の高い役職を独《どく》占《せん》した。

エ　武士として初めて征夷大将軍《せいいたいしょうぐん》に任命された。

人物(　　　　　)　記号(　　　)

(3)　Cについて，次の各問いに答えなさい。

①　鎌倉幕府を開いた人物は誰ですか。　(　　　　　)

②　鎌倉幕府の将軍と家来の武士である御家人《ごけにん》は，御恩《ごおん》と何の主従関係で結ばれていましたか。　(　　　　　)

③　次の文のa～cに当てはまる語句をそれぞれ答えなさい。

◇　鎌倉幕府では，将軍を補佐《ほさ》する（　a　）が置かれ，北条《ほうじょう》氏が代々その地位を独占した。また，国ごとには軍事や警察を担当する（　b　），荘園《しょうえん》や公領ごとには年貢《ねんぐ》の取り立てなどを行う（　c　）が置かれた。

a(　　　　　)　b(　　　　　)　c(　　　　　)

(4)　Xに当てはまる，北条泰時《やすとき》が定めた法を何といいますか。　(　　　　　)

(5)　D・Eについて述べた文として正しいものを，次のア～エからそれぞれすべて選び，記号で答えなさい。　D(　　　　　)　E(　　　　　)

ア　この後，幕府の力が弱まった。　**イ**　この後，幕府の力が強まった。

ウ　このとき，北条政子《まさこ》が幕府の結束を訴《うった》えた。

エ　このとき，幕府は敵軍の集団戦法や火薬を使った武器に悩《なや》まされた。

(6)　年表の12～13世紀に栄西《ようさい》《えいさい》や道元《どうげん》が伝えた，座禅《ざぜん》によって自らの力で悟《さと》りを開こうとする仏教の宗派を何といいますか。　(　　　　　)

室町時代

月　　日

点

合格点：79点／100点

1 次の各問いに答えなさい。

((4)16点，他は7点×12)

A　鎌倉幕府《かまくらばくふ》が滅《ほろ》びると，（　①　）が新しい政治を始めた。しかし，（　②　）が京都《きょうと》に新たな天皇を立てたため，南朝と北朝の2つの朝廷《ちょうてい》が対立した。

B　3代将軍（　③　）は，南北朝を統一し，a中国の明《みん》と貿易を始めた。将軍を補佐する管領《かんれい》には，守護《しゅご》から成長した有力な（　④　）が任命された。

C　朝鮮《ちょうせん》半島には朝鮮国，沖縄《おきなわ》には（　⑤　）が成立した。蝦夷地《えぞち》と呼ばれた北海道《ほっかいどう》には，（　⑥　）の人々が暮らしていた。

D　b農村や町では自治が行われるようになった。団結して領主や幕府に要求を行う人々もいた。8代将軍（　⑦　）のとき，将軍のあとつぎなどをめぐって11年にわたる（　⑧　）が起こり，c戦乱の世となっていった。

(1)　A～Dの文の①～⑧に当てはまる語句をそれぞれ答えなさい。

①（　　　　）②（　　　　）③（　　　　）④（　　　　）
⑤（　　　　）⑥（　　　　）⑦（　　　　）⑧（　　　　）

(2)　下線部aについて，この日明《にちみん》貿易は右のような証明書を用いたことから，何と呼ばれますか。（　　　　）

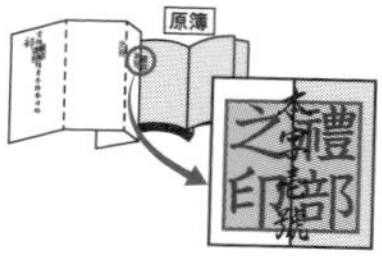

(3)　下線部bについて，①有力な農民を中心につくられた自治組織を何といいますか。また，②商人などの同業者組合を何といいますか。

①（　　　　）②（　　　　）

(4)　下線部cについて，このころ広がった下剋上《げこくじょう》とはどのような風潮《ふうちょう》か，「身分」の語句を使って答えなさい。

（　　　　　　　　　　　　　　　　）

(5)　室町《むろまち》時代の文化について正しく述べた文を，次のア～エから1つ選び，記号で答えなさい。

ア　東大寺南大門《とうだいじなんだいもん》の金剛力士像《こんごうりきしぞう》がつくられた。

イ　世阿弥《ぜあみ》によって水墨画《すいぼくが》が大成された。

ウ　足利尊氏《あしかがたかうじ》が金閣《きんかく》を建てた。　エ　足利義政《よしまさ》が銀閣《ぎんかく》を建てた。（　　　）

得点UP

1　(1)①による政治を，**建武《けんむ》の新政**という。

No. 99

総復習テスト（社会）

目標時間：20 分

点

合格点：80 点／100 点

1 次のA～Dの文は世界の６つの州のうち，４つの州について述べたものです。これを読んで，あとの各問いに答えなさい。 ((2)6点×4，他は4点×6)

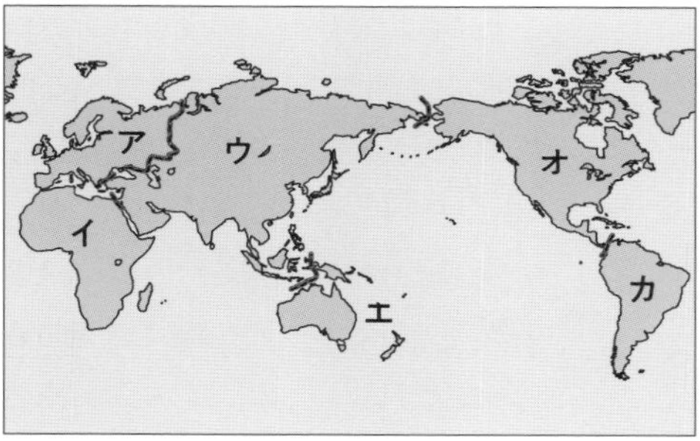

A　南北に長い山脈がのびている。流域面積世界最大の川があり，その流域では，開発による（　①　）の減少が問題となっている。

B　20を超《こ》える国々によって結成されている組織がある。多くの加盟国が共通通貨の（　②　）を導入している。

C　1つの大陸と，さんご礁《しょう》の島や火山島など多くの島々からなる。この州で最大の国土面積の国には，先住民の（　③　）が住んでいる。

D　人口世界第1位，2位の国がある。近年，これらの国々を中心に経済発展が著《いちじる》しいが，都市部と農村部との経済格差が問題となっている。

(1)　①～③に当てはまる語句をそれぞれ答えなさい。

①（　　　　　）　②（　　　　　）　③（　　　　　）

(2)　**A～D**の文で述べている州の位置を，地図の**ア～カ**から1つずつ選び，記号で答えなさい。

A（　　）　**B**（　　）　**C**（　　）　**D**（　　）

(3)　次のあ～うの文は，世界のある国について述べたものです。それぞれの国が属する州を，地図の**ア～カ**から1つずつ選び，記号で答えなさい。

㋐　南部には，夏の強い日差しによる室温の上昇《じょうしょう》を防ぐため，石造りの白《しら》壁《かべ》の住居がみられる。

㋑　近年，情報通信技術（ICT《アイシーティー》）産業が急速に発達している。約半日の時差を利用して，アメリカ企《き》業《ぎょう》から電話対応業務を受注している企業もある。

㋒　南部では，夏から秋にかけてハリケーンの被《ひ》害《がい》が出ることがある。

㋐（　　）　㋑（　　）　㋒（　　）

裏面へ

2 右の年表を見て，次の各問いに答えなさい。

(4点×13)

世紀	できごと
3	大和政権がつくられる……a
	↕ア
6	聖徳太子が天皇の政治を助ける……b
7	↕イ
8	奈良《なら》に都が置かれる……c
	京都《きょうと》に都が置かれる……d
10	↕ウ
12	鎌倉《かまくら》に幕府が開かれる……e
	↕エ
14	京都に幕府が開かれる……f

(1) aについて，大和《やまと》政権《せいけん》（ヤマト王権）の王は5世紀後半になると，何と呼ばれるようになりましたか。 (　　　　)

(2) bについて，聖徳太子《しょうとくたいし》が才能や功績のある人を用いるために制定したものは何ですか。 (　　　　)

(3) bについて，このころ小野妹子《おののいもこ》らが派遣《はけん》された中国の王朝名を答えなさい。(　　　　)

(4) cについて，聖武天皇《しょうむてんのう》が仏教の力で国家を守ろうとして，都に建てさせた寺院を何といいますか。 (　　　　)

(5) cについて，この時代に出された，新しく開墾《かいこん》した土地の永久私有を認めたきまりを何といいますか。 (　　　　)

(6) dについて，このころ蝦夷《えみし》の平定のために東北地方に派遣された人物は誰《だれ》ですか。 (　　　　)

(7) dについて，このころ空海《くうかい》が開いた仏教の宗派を何といいますか。 (　　　　)

(8) eについて，この時代に将軍《しょうぐん》に忠誠《ちゅうせい》をちかい，将軍と御恩《ごおん》と奉公《ほうこう》の主従関係で結ばれていた武士を何といいますか。 (　　　　)

(9) eについて，源氏《げんじ》の将軍が絶えたあと，北条《ほうじょう》氏が代々幕府《ばくふ》のある役職を独占《どくせん》し政治にあたりました。この政治を何といいますか。 (　　　　)

(10) fについて，この時代に勘合《かんごう》を使って中国と貿易を始めた室町《むろまち》幕府の将軍は誰ですか。 (　　　　)

(11) fについて，この時代に領地を拡大し，領内の武士などを家来として従え，力をもち始めた守護《しゅご》を何といいますか。 (　　　　)

(12) 次の①・②のできごとが起こった時期を，年表の**ア**～**エ**から1つずつ選び，記号で答えなさい。

① 大化《たいか》の改新《かいしん》が始まる(　　　)　② 建武《けんむ》の新政《しんせい》が始まる(　　　)

No. 01 am, are, is の文

❶ (1) am (2) are (3) is (4) is
❷ (1) I'm a (2) She is (3) You're
(4) This is / He's
(5) That's / It's
❸ (1) My father is an English teacher.
(2) Mr. Brown is in Canada
(3) Yuki's computer is new.

解説 ❶「…は～です」の文の「です」は，主語によって am，are，is を使い分ける。(3)(4) **I，you 以外の単数はすべて is** を使う。
❷ (1)「(1人の)中学生」は a junior high school student で，a をつける。I am は短縮形の I'm を使う。(2)「彼女は～です」は She is ～. で，(4)「彼は～です」は He is ～. で表す。(5)「それは～です」は It is ～. で，(4)(5)の2文目は空所が1つなので，短縮形を使う。
❸ (1)「(1人の)英語の先生」は an English teacher。English は母音で始まるので **an** を使う。(2) **〈主語＋ be 動詞＋場所.〉**で**「…は～にいます[あります]。」**の意味を表す。(3)〈主語＋ be 動詞＋形容詞.〉の形で，形容詞が主語を説明する文。

No. 02 am, are, is の疑問文・否定文

❶ (1) Is (2) I'm (3) Is (4) not
(5) isn't (6) Are
❷ (1) Yes, am (2) No, not
(3) she / She's (4) he is
❸ (1) Is this your sister?
(2) Kenji is not in the classroom.
(3) Are you from America?

解説 ❶ (1)(3)(6) am，are，is の疑問文。(3) your mother には is を使う。(2)(4)(5) am，are，is の否定文。(4) That's は That is の短縮形なので，否定文は not だけをつける。
❷ (1)「あなたはサッカーファンですか」の問いに，「私は野球ファンでもあります」と言っているので，Yes の答えと判断する。(2)「あれはあなたの自転車ですか」に「私の父のです」と言っていることから，No の答え。(3) 2文目は「彼女は9歳です」という意味で She's。
❸ (1)(3)疑問文は is や are を主語の前に出す。

No. 03 like, play の文

❶ (1) have (2) walk
(3) have (4) watch
❷ (1) like (2) play (3) have
(4) study (5) have (6) come
❸ (1) do my homework before dinner
(2) You speak English well.
(3) go to the library on Tuesdays and Fridays
(4) practice basketball after school

解説 ❶ (1)この have は「食べる」という意味。(2) **walk to school** で**「歩いて学校へ行く」**。(3)この have は「～を飼っている」。(4) watch TV で「テレビを見る」。
❷ (2) **〈play the ＋楽器名〉**で**「楽器をひく[演奏する]」**。(3) **「(兄弟・姉妹が)いる」**は **have** を使う。
❸ (1)「夕食前に」は before dinner。
(2) well は「じょうずに，うまく」。
(3)「～曜日に」は〈on ＋曜日名〉。「…と～」は … and ～ の形。(4) **「放課後」**は **after school**。

No. 04 like, play の疑問文・否定文

❶ (1) Do / do (2) don't (3) do (4) do
❷ (1) do, like (2) don't have
(3) Do, live
❸ (1) Yes, do (2) No, don't
❹ (1) Do you play soccer every day?
(2) I don't know her name.

解説 ❶ (1)(4)一般動詞の疑問文は，**〈Do ＋主**

ANSWERS

語＋動詞 ～?〉の形。(2)(3)一般動詞の否定文は，**〈主語＋ do not[don't] ＋動詞 ～.〉**の形。
❷ (1)(3)一般動詞の疑問文。(2)一般動詞の否定文。ここでは do not の短縮形 don't を使う。
❸ Do you ～? の疑問文には，Yes, I do. か No, I don't. で答える。(1)「私は中国語も話します」から，Yes の答え。(2)「私は歩いて公園へ行きます」から No の答え。
❹ (1)一般動詞の疑問文。Do you ～? の形。
(2)一般動詞の否定文。I don't ～. の形。

No. 05 likes などの文

❶ (1) likes (2) plays
(3) walk (4) lives
❷ (1) studies (2) goes
(3) has (4) teaches
❸ (1) makes [bakes] (2) has
(3) likes / listens (4) reads
❹ My father often watches soccer games on TV.

解説 ❶ 主語が３人称単数のとき，一般動詞の現在形は**語尾に s がついた形**になる。
(3)主語が I や you のときは s はつかない。
❷ (1) study → studies，(3) have → has の変化に注意。(2) go，(4) teach は es をつける。
❸ いずれも主語が３人称単数。動詞の語尾に s をつける。(2)「～がいる」(have)の３人称単数・現在形は has。
❹ 主語が３人称単数なので watches。

No. 06 likes などの疑問文・否定文

❶ (1) Does / does (2) Does, live
(3) doesn't have (4) doesn't
❷ (1) doesn't / comes
(2) does / eats [has]
❸ (1) Does, have
(2) likes, doesn't like
(3) doesn't speak
❹ (1) Does Ken study English
(2) My town doesn't have

解説 ❶ (1)(2)主語が３人称単数の疑問文は，**〈Does ＋主語＋動詞の原形 ～?〉**の形になる。
❷ Does ～? には，Yes, ～ does. か No, ～ doesn't. で答える。問いの文の動詞は原形だが，答えの肯定文では動詞の語尾に s がついた形になる。
❸ (2)前の動詞は主語に合わせて likes だが，あとの動詞は doesn't に続くから原形。
❹ (1)疑問文は Does を使い，動詞を原形にする。
(2)否定文は **doesn't** を動詞の前に置き，**動詞は原形**にする。

No. 07 名詞の複数形/複数の文

❶ (1) brothers (2) students
(3) dogs (4) are
❷ (1) some pencils (2) are, friends
(3) like dogs (4) We are
(5) Those books
❸ (1) We need a lot of chairs.
(2) These are my magazines.
(3) Those men are soccer players.

解説 ❶ (1) two のあとなので複数形。(2)主語が複数なので，あとの名詞も複数を表す語句。
(3) **any** のあとの数えられる名詞は**複数形**。(4)**主語が複数**のときは，**be 動詞は are**。
❷ (1)「何本か」は「いくつかの」の some を使う。あとの数えられる名詞は複数形。(2)〈複数主語＋ are ＋複数名詞〉の形。(5)「あれらの」は that の複数形 those で表す。
❸ (1) **a lot of** は**「たくさんの」**の意味なので，あとの数えられる名詞は複数形。(2)主語は these「これら」なので，magazines と複数形で表す。(3)「サッカー選手」は複数形を使って soccer players。

No. 08 what / who

❶ (1) What is / It's (2) Who is / He's
(3) What does (4) Who, uses
❷ (1) Who / She's (2) What's
(3) Who / does (4) What, do
❸ (1) Who is that girl?
(2) What do you do after school?

解説 ❶ **「何」**は **what**，**「だれ」**は **who** を使う。(4)疑問詞の who が主語の文。疑問詞は３人

ANSWERS

称単数扱いで，動詞は s がついた形になる。
❷ (1)「あの女の人はだれですか」「ケイトです。彼女は私のおばです」。(3)「だれがあなた(がた)に英語を教えていますか」「デイビス先生が教えています」。teaches は答えでは does で受ける。(4)「あなたは何のスポーツが好きですか，ビル」「バスケットボールと野球が好きです」。
❸ (1)「～はだれですか」は Who is ～? で表す。(2)「何をしますか」は What do you do ～? の形。

No. 09 where / when / whose / which

❶ (1) Where is　(2) Which, goes
(3) Whose / mother's　(4) When is
❷ (1) When does　(2) Where do
(3) Whose, is　(4) Which is
❸ (1) When do they play soccer?
(2) Where does he practice judo?

解説　❶ (1) **「どこに」**は **where**。(2) **「どの～」**は **〈which＋名詞〉**。(3) **「だれの～」**は **〈whose＋名詞〉**。(4)「～は**いつ**ですか」は **When** is ～?。
❷ (1)「由香はいつ英語を勉強しますか」「夕食の前に英語を勉強します」。(2)「あなたはどこに住んでいますか」「さくら駅の近くに住んでいます」。(3)「あれはだれのコンピューターですか」「私のおじのです」。(4)「どちらがあなたの新しいかばんですか」「黄色いのが私のです」。
❸ When や Where のあとに do[does] ～? の疑問文を続ける。

No. 10 how / what time など

❶ (1) How　(2) How　(3) What
(4) What　(5) What's　(6) How
❷ (1) How old　(2) How does
(3) What time　(4) How many
(5) How [What] about　(6) What day
(7) How long　(8) How much

解説　❶ (1) **「どんなふうで」**で **how** を使う。(4)(5)「曜日」は What day ～? で，「日付」は What's the date ～? でたずねる。
❷ (1)「あなたの学校は創立してからどれくらいですか」「約30年です」。How old ～? は建物などの場合にも使われる。(2)「あなたのお姉さん[妹さん]はどうやって学校へ行きますか」「歩いて学校へ行きます」。(3)「あなたはたいてい何時に起きますか」「たいてい6時30分に起きます」。(4)「あなたには兄弟が何人いますか」「2人の兄弟がいます」。(5)「私は朝食にごはんを食べます。あなたはどうですか」「私はトーストとコーヒーを食べます」。(6)「今日は何曜日ですか」「水曜日です」。(7)「ここからどれくらいかかりますか」「約15分かかります」。(8)「このえんぴつはいくらですか」「100円です」。

No. 11 命令文 / Don't ～. / Let's ～.

❶ (1) Study　(2) Please use　(3) Be
(4) Go, turn　(5) Let's eat [have]
(6) Don't be
❷ (1) Be kind to your friends.
(2) Don't open the door.
(3) Let's play tennis after school.
❸ (1) Speak English in this class.
(2) Let's go shopping this afternoon.
(3) Don't [Do not] run in this room.

解説　❶ (1)(2)(4) **「～しなさい」**と命令する文は，**動詞の原形**で文を始める。ていねいに言うときは文頭か文末に **please** をつける。(3) be 動詞の命令文は，**原形の be** を使う。(5)「～しよう」と誘う文は，**〈Let's＋動詞の原形 ～.〉**の形。(6)「～してはいけない」と禁止する文は，**〈Don't＋動詞の原形 ～.〉**の形。ここでは動詞は be。
❷ (1) be 動詞の原形 be で文を始める。
❸ (1)命令文。動詞の speak で文を始める。(2)「買い物に行く」は go shopping で表す。(3)禁止する文は Don't ～. の形。

No. 12 can の文

❶ (1) can　(2) play　(3) speak
❷ (1) can sing　(2) Can / right
(3) Can [May] I
(4) cannot [can't] read
❸ (1) can play the guitar well

ANSWERS

(2) Can I use this desk?
(3) What sports can he play?
(4) Can you help me with my homework?

解説 ❶ **〈can ＋動詞の原形〉**で**「〜できる」**の意味を表す。(2)(3) can / can't は主語が何であっても形は変わらない。また，can / can't のあとの動詞は常に原形。

❷ (1)「〜できる」の文なので〈can ＋動詞の原形〉の形にする。(2)**「〜してくれますか」**は**Can you 〜?** の形。(3)**「〜してもいいですか」**は**Can[May] I 〜?** の形。(4)「〜できません」は〈cannot[can't] ＋動詞の原形 〜〉。

❸ (1)〈主語＋ can ＋動詞の原形 〜.〉の形。(4)「〜してくれますか」は Can you 〜?。「(私の)宿題を手伝う」は help me with my homework。

No. 13 代名詞の使い方

❶ (1) hers (2) yours (3) our (4) mine
❷ (1) him (2) Its (3) them (4) her
❸ (1) me (2) your (3) us
❹ (1) Is this notebook yours?
(2) That bike [bicycle] is mine.

解説 ❶ (1)「この本は私のではありません。それは彼女のものです」で hers。(2)「由紀，このバッグはあなたのものですか」で yours。(3)「グリーン先生は私たちの英語の先生です」。(4)「あれはあなたのコンピューターですか」「はい，私のものです」。

❷ (1)(4)動詞のあとは目的格。(2)**「それの」**は**its**。(3)**前置詞のあと**は**目的格**。

❸ (1)(3)前置詞のあとは目的格。(2)林先生が「私」に言っているので，「あなたの最善をつくしなさい」で your を入れる。

❹ (1) yours は 1 語で「あなたのもの」という意味。(2) mine は 1 語で「私のもの」という意味。

No. 14 現在進行形

❶ (1) watching (2) are playing
(3) raining
❷ (1) having (2) taking (3) running
(4) using
❸ (1) are listening (2) I'm writing
(3) is swimming (4) is talking
❹ (1) He's [He is] studying science.
(2) She's [She is] making [cooking] dinner.

解説 ❶ **〈be 動詞＋動詞の ing 形〉**で**「〜しているところだ」**の意味を表す(現在進行形)。(2)主語は複数なので，be 動詞は are。

❷ いずれも前に be 動詞があるので，〔 〕内の動詞を ing 形にして現在進行形の文にする。(1)「私たちは教室で昼食を食べています」。have は「持っている」の意味では進行形にしないが，「食べる」の意味では進行形にできる。e をとって ing をつける。(2)(4) e をとって ing をつける。(3) run は n を重ねて ing をつける。

❸ 「(今)〜しています」は現在進行形を使って表す。(2)空所の数から I am は短縮形の I'm を使う。(4)「電話で話す」は talk on the phone で表す。talking は speaking でもよい。

❹ どちらも動詞を〈be 動詞＋ ing 形〉の形にする。動詞の ing 形は，動詞の原形に ing をつける。

No. 15 現在進行形の疑問文・否定文

❶ (1) Is (2) isn't (3) using (4) is
❷ (1) Is, sleeping / is
(2) Are, watching
(3) I'm not / studying
❸ (1) Is it raining in Tokyo?
(2) I'm not having dinner
(3) What are they doing
(4) Who is playing the piano?

解説 ❶ 現在進行形の疑問文は**〈be 動詞＋主語＋動詞の ing 形 …?〉**，否定文は**〈主語＋ be 動詞＋ not ＋動詞の ing 形 ….〉**の形。(4)「ジュディーは何を書いているのですか」。

❷ 現在進行形の疑問文の答え方は，ふつうの be 動詞の疑問文のときと同じ要領。(3)あとの文は現在進行形になる。

❸ (1)現在進行形の疑問文。in Tokyo は文頭でも

よい。(2)現在進行形の否定文。(3)「何をしているか」は **What is[are] ～ doing …?** の形。(4)「だれが～していますか」は，〈Who is +～ing …?〉の形。

No. 16 want to ～ / like ～ing

❶ (1) to join (2) to go (3) to do
(4) cooking
❷ (1) want to (2) be [become]
(3) to talk
❸ (1) What, want (2) at
❹ (1) I like taking [to take] pictures.
(2) Where do you want to go?

解説 ❶ (1)(2) **〈want to +動詞の原形〉**で**「～したい」**という意味。(1)「私はバドミントン部に入りたい」。(2)「麻里は放課後，図書館に行きたがっています」。(3)「ジムは最善をつくそうとします」。**try to ～**で**「～しようとする」**。(4)「祖父は料理をするのが得意です」。**〈be 動詞+ good at +動詞の ing 形 …〉**で**「～するのが得意だ」**。
❷ (2)「～になりたい」は**want to be[become] ～**。(3)「～する必要がある」は**〈need to +動詞の原形〉**。talk は speak でもよい。
❸ (1)「あなたは将来，何になりたいですか」「私は歌手になりたいです。私は歌うことが大好きです」の会話。(2) A の「久美は何か楽器がひけますか」という質問に B は Yes で答え，その例として「彼女はピアノをひくことが得意です」と答えている。
❹ (1)「～するのが好きだ」は，like ～ing または〈like to +動詞の原形〉で表す。

No. 17 一般動詞の過去の文

❶ (1) studied (2) came (3) stayed
(4) lived (5) rained (6) took
❷ (1) got [woke], went (2) visited, last
(3) enjoyed, yesterday
(4) went, last
❸ (1) I saw [watched] a soccer game last Sunday.
(2) He did his homework before dinner.
(3) She had [ate] (some) toast for breakfast yesterday morning.

解説 ❶ いずれも過去の文。〔 〕内の動詞を過去形にする。(2) come は不規則動詞で過去形は came。(3)「彼らは先月，東京に 2 週間滞在しました」。(4)「デイビスさんは 2 年前に京都に住んでいました」。(6) take は不規則動詞で過去形は took。「私は昨日，そこでたくさんの写真を撮りました」。
❷ (1) get up(起きる)の過去形は got up。wake up(目を覚ます)の過去形 woke up を使ってもよい。(4) go to bed(寝る)の過去形は went to bed。
❸ last ～，yesterday (～)は過去を表す語句。過去の文で表現する。

No. 18 一般動詞の過去の疑問文・否定文

❶ (1) Did (2) didn't (3) do
❷ (1) did, get [wake]
(2) didn't watch (3) go / went
❸ (1) didn't / came (2) did / had [ate]
(3) didn't
❹ (1) Did they have a good time last night?
(2) Jun didn't [did not] study science yesterday.

解説 ❶ 過去の疑問文は**〈Did +主語+動詞の原形～?〉**，否定文は**〈主語+ did not[didn't] +動詞の原形～.〉**の形。(1)「あなたは昨日，学校まで歩きましたか」。(2)「彼はこの前の日曜日，サッカーをしませんでした」。(3)「あなたは昨日，何をしましたか」。
❷ 疑問文・否定文では，動詞は原形になることに注意する。(3) did があるので問いの文の動詞は原形の go だが，答えの文では過去形の went になる。
❸ (3)「昨日久美に会いましたか」「いいえ，彼女には会いませんでした」。
❹ (1)疑問文は主語の前に Did を置き，動詞は原形を使う。(2)否定文は動詞の前に did not[didn't] を置き，動詞は原形を使う。

No. 19 be動詞の過去の文・過去進行形

❶ (1) was (2) wasn't (3) Were
❷ (1) was, ago (2) wasn't
(3) Were / was
(4) Were, doing / watching
❸ (1) was (2) What were
❹ (1) I wasn't [was not] good at swimming.
(2) Was she a member of this team last year?

解説 ❶ be動詞の過去形は，主語によってwasとwereを使い分ける。(1)「私は去年，小学生でした」。(2)「アンディーはそのとき疲れていませんでした」。(3)過去進行形の疑問文。「あなたはそのとき部屋をそうじしていましたか」。
❷ (2) be動詞の過去の否定文。(3) be動詞の過去の疑問文。**Wereで文を始める**。(4)過去進行形の疑問文。
❸ (1)「この前の週末は何をしましたか」「何もしていません。病気で寝ていました」。(2)「あなたは昨夜，花火大会に来ませんでした。何をしていましたか」「数学のテスト勉強をしていました」。
❹ (1) **「～が得意だ」**は**〈be動詞＋good at ～〉**。これを過去の否定文にする。

No. 20 いろいろな会話表現

❶ (1) カ，エ (2) イ (3) ア (4) キ
❷ (1) This / Can [May] / Speaking
(2) Sure [Certainly, O.K] / What
(3) there / Thanks / There
(4) Can / Sorry

解説 ❶ (1)紹介と初対面のあいさつの文。Nice to meet you.は「はじめまして」。応じて言う人は文末にtooをつける。(2)「すみません。由紀さんですか」。(3) How ～! で「なんて～でしょう！」という意味の感嘆文。(4)あやまる表現。
❷ (3) Is there ～? は「～がありますか」。There is ～. は「～がある」。(4)「～してくれますか」のように依頼する文はCan you ～?。

No. 21 総復習テスト（英語）

❶ (1) Are (2) comes (3) mine
(4) staying (5) went (6) we
(7) be (8) What
❷ (1) are, friends (2) has / His
(3) gets [wakes] up (4) Let's play
(5) I'm listening (6) can use
(7) studied, last
(8) Don't talk [speak]
❸ (1) plays, well (2) What, doing
(3) taking (4) to be [become]
(5) was taking [having]
❹ (1) What time (2) When do
(3) How is (4) How many
❺ (1) What do you usually do after school?
(2) Who is playing the piano now?
(3) Can you help me with my work?

解説 ❶ (1) be動詞の疑問文。主語は複数。(2)一般動詞の現在の文。主語は3人称単数。(4)現在進行形の文。「ブラウンさんは今，京都に滞在しています」。(5)過去の文。「私の母は昨夜，遅く寝ました」。(7)命令文。be動詞の原形beを選ぶ。「リサ，気をつけて。ここは交通量が多いです」。(8)曜日をたずねる文。
❷ (1) Yuka and Iは複数。主語が複数のとき**be動詞はareを使い**，そのあとに続く**名詞も複数を表す語句に**。(5)現在進行形。〈主語＋be動詞〉の部分は短縮形，I'mを使う。(7) study（勉強する）の過去形はstudied。
❸ (1)「健はじょうずにテニスをします」。一般動詞の文で表す。(2)「何をしていますか」。doのing形doingを使った現在進行形の疑問文に。(4)「～になりたい」はwant to be[become]で表す。(5)「（メッセージが届いたとき）私はおふろに入っているところだった」。過去進行形の文。
❹ (3)「大阪の天気はどうですか」「晴れです」。
❺ (1) usuallyは一般動詞doの前に置く。(2) Whoが主語になる文。〈Who ＋ be動詞＋～ing …?〉。Who isは短縮形のWho'sでもよい。(3)「～してくれますか」はCan you ～? で表せる。help … with ～（…を～の面で手伝う，…の～を手伝う）の形。

No. 22 正負の数

❶ (1) -5　(2) -3

❷ A…-4.5　B…$+1$　C…$+3.5$

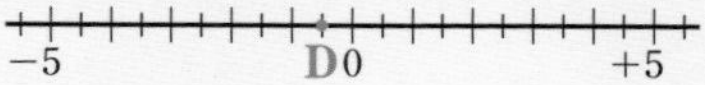

❸ (1) -2, $+2$

(2) -2, -1, 0, $+1$, $+2$

❹ (1) $+2>-12$　(2) $-17<-14$

(3) $-\frac{3}{5}>-\frac{3}{4}$　(4) $-0.1<-0.08<0$

解説

❸(2)　絶対値が2.9より小さい整数は，絶対値が2，1，0の数である。

❹ **（負の数）＜ 0 ＜（正の数）**

No. 23 正負の数の加減

❶ (1) $+11$　(2) $+8$　(3) -24　(4) $+0.7$

(5) $-\frac{1}{10}$　(6) -8

❷ (1) -5　(2) $+7$　(3) -21　(4) 0

(5) $+2$　(6) $-\frac{1}{2}$

❸ (1) 3　(2) -7　(3) -6　(4) 7

解説

❶ **同符号の2数の和** ➡ 絶対値の和に**共通の符号**をつける。

異符号の2数の和 ➡ 絶対値の差に**絶対値の大きいほうの符号**をつける。

(2)　$(-6)+(+14)=+(14-6)=+8$

(3)　$(-8)+(-16)=-(8+16)=-24$

❷ **ひく数の符号を変えて加法に**なおす。

(1)　$(+7)-(+12)=(+7)+(-12)=-5$

(2)　$(-2)-(-9)=(-2)+(+9)=+7$

(4)　絶対値の等しい異符号の2数の和は，0になる。

$(-13)-(-13)=(-13)+(+13)=0$

❸ まず，正の項の和，負の項の和を求める。

(2)　$11-8+5-15=11+5-8-15$

$=16-23=-7$

(3)　**かっこのない式**になおして計算する。

$-9-(-15)-12=-9+15-12$

$=15-21=-6$

No. 24 正負の数の乗除

❶ (1) -56　(2) 36　(3) -4.2　(4) $-\frac{1}{3}$

(5) 49　(6) -81

❷ (1) 8　(2) -3　(3) $-\frac{3}{4}$　(4) -1.2

(5) -35　(6) $\frac{3}{8}$

❸ (1) 72　(2) -4　(3) $\frac{4}{5}$　(4) $-\frac{5}{3}$

解説

❶ 2数の積の符号は，次のようになる。

(＋)×(＋)、(－)×(－) ➡ (＋)　　**(＋)×(－)、(－)×(＋) ➡ (－)**

(1)　$(+7)\times(-8)=-(7\times8)=-56$

(2)　$(-4)\times(-9)=+(4\times9)=36$

(5)　$(-7)^2=(-7)\times(-7)=+(7\times7)=49$

(6)　$-3^4=-(3\times3\times3\times3)=-81$

❷ 2数の商の符号は，次のようになる。

(＋)÷(＋)、(－)÷(－) ➡ (＋)　　**(＋)÷(－)、(－)÷(＋) ➡ (－)**

(1)　$(-40)\div(-5)=+(40\div5)=8$

(3)　$(-12)\div16=-(12\div16)=-\frac{12}{16}=-\frac{3}{4}$

(5)　わる数の**逆数をかけて**，乗法になおす。

$(-15)\div\frac{3}{7}=(-15)\times\frac{7}{3}=-35$

❸ 乗除の混じった計算は，わる数の逆数をかけて，**乗法だけの式**になおして計算する。

3数以上の積の符号…負の数が **偶数個→＋**、**奇数個→－**

(2)　$18\div(-12)\times(-8)\div(-3)$

$=18\times\left(-\frac{1}{12}\right)\times(-8)\times\left(-\frac{1}{3}\right)=-4$

(4)　**累乗の部分を先に**計算する。

$8\div\left(-\frac{2}{5}\right)^2\div(-30)=8\div\frac{4}{25}\div(-30)$

$=8\times\frac{25}{4}\times\left(-\frac{1}{30}\right)=-\frac{5}{3}$

No.25 四則の混じった計算

❶ (1) **−7**　(2) **8**　(3) **34**
(4) **−4**　(5) $\boldsymbol{\frac{2}{3}}$　(6) **23**
❷ (1) **1**　(2) **−76**
❸ (1) **82点**　(2) **83点**

解説

❶ **( )の中・累乗→乗法・除法→加法・減法**の順に計算する。

(2) $48\div(-3)-3\times(-8)=-16-(-24)$
$=-16+24=8$

(5) $\frac{4}{5}-\left(-\frac{1}{3}\right)^2\div\frac{5}{6}=\frac{4}{5}-\frac{1}{9}\times\frac{6}{5}$
$=\frac{4}{5}-\frac{2}{15}=\frac{12}{15}-\frac{2}{15}=\frac{10}{15}=\frac{2}{3}$

❷(1) $\left(\frac{5}{12}-\frac{4}{9}\right)\times(-36)$
$=\frac{5}{12}\times(-36)-\frac{4}{9}\times(-36)=-15-(-16)$
$=-15+16=1$

(2) 分配法則を逆向きに使う。
$4.3\times(-7.6)+5.7\times(-7.6)$
$=(4.3+5.7)\times(-7.6)$
$=10\times(-7.6)=-76$

❸(1) $79-(-3)=79+3=82$(点)

(2) 平均点との差の平均は,
$\{(-3)+4+1+5+(-2)\}\div5=1$(点)
したがって，5人の平均点は,
$82+1=83$(点)

No.26 数の集合／素因数分解

❶ **ア…×，イ…○，ウ…×，エ…○，オ…○，カ…×，キ…○，ク…○，ケ…○，コ…○**
❷ **㋑，㋔**
❸ (1) $\boldsymbol{2\times3^2}$　(2) $\boldsymbol{3^2\times7}$
(3) $\boldsymbol{2^3\times5^2}$　(4) $\boldsymbol{2^2\times3\times7^2}$
❹ (1) **14**　(2) **3**

解説

❶ 自然数の集合の中では，2−3，2÷3 のように，減法，除法はいつでもできるとはかぎらない。整数の集合の中では，自然数と同様に 2÷3 のように，除法はいつでもできるとはかぎらない。

❷ **1は素数ではない**ことに注意する。

❹(1) 素因数分解すると，$126=2\times3^2\times7$
したがって，$2\times7=14$でわると，3の2乗になる。

(2) 素因数分解すると，$300=2^2\times3\times5^2$
したがって，3でわると，10の2乗になる。

No.27 積・商の表し方／式の値

❶ (1) $\boldsymbol{-xy}$　(2) $\boldsymbol{\frac{3y}{8}}$
(3) $\boldsymbol{-\frac{7a^2}{b}}$　(4) $\boldsymbol{x^2-\frac{4}{y}}$
❷ (1) $\boldsymbol{6\times a\times a\times b}$　(2) $\boldsymbol{(x-2)\div5}$
❸ (1) **(1000−5*a*)円**　(2) $\boldsymbol{\frac{8}{x}}$**時間**
❹ **−7**　**❺** **−18**　**❻** **9**
❼ (1) **2**　(2) **14**

解説

❶ 文字式での積は，**記号×をはぶき，数を文字の前**に書く。商は，記号÷を使わずに，**分数の形**で書く。＋，−の記号ははぶけない。

❸ ことばの式や公式に文字や数をあてはめ，文字式の表し方にしたがって表す。

(2) **時間＝道のり÷速さ**より，$8\div x=\frac{8}{x}$(時間)

❹ $-3x+5=-3\times4+5=-12+5=-7$

❺ $-2x^2=-2\times(-3)^2=-2\times9=-18$

❻ $12x+7=12\times\frac{1}{6}+7=2+7=9$

❼(1) $-\frac{x}{2}-3y=-\frac{2}{2}-3\times(-1)=-1+3=2$

(2) $5x+4y^2=5\times2+4\times(-1)^2=10+4=14$

No.28 文字式の計算①

❶ (1) $\boldsymbol{8a}$　(2) $\boldsymbol{7x}$　(3) $\boldsymbol{7y+8}$
(4) $\boldsymbol{-3a+6}$　(5) $\boldsymbol{-8x-6}$　(6) $\boldsymbol{\frac{4}{7}a-\frac{2}{5}}$
❷ (1) $\boldsymbol{6a-1}$　(2) $\boldsymbol{-4x-7}$　(3) $\boldsymbol{9a+5}$
(4) $\boldsymbol{-8x+9}$　(5) $\boldsymbol{-3a+5}$　(6) **−7**
(7) $\boldsymbol{0.6a-1.6}$　(8) $\boldsymbol{-\frac{4}{9}x+\frac{9}{14}}$
❸ (1) $\boldsymbol{28y}$　(2) $\boldsymbol{2a}$　(3) $\boldsymbol{-7x}$
(4) $\boldsymbol{-10a}$

解説

❶(1) $6a+2a=(6+2)a=8a$

(4) $2a-3-5a+9=2a-5a-3+9$

$=-3a+6$

❷ +(　)は，**そのままかっこをはずし**，−(　)は，かっこの中の**各項の符号を変えて**，かっこをはずす。

(2) $5x-(7+9x)=5x-7-9x$

$=5x-9x-7=-4x-7$

❸(1) $4y\times7=4\times7\times y=28y$

(4) $-4a\div\frac{2}{5}=-4a\times\frac{5}{2}=-10a$

No. 29 文字式の計算②

❶ (1) $\boldsymbol{15a-21}$　(2) $\boldsymbol{-18x+48}$　(3) $\boldsymbol{5x-12}$
(4) $\boldsymbol{x+6}$　(5) $\boldsymbol{2a-8}$　(6) $\boldsymbol{-7a+21}$

❷ (1) $\boldsymbol{9a-12}$　(2) $\boldsymbol{15x-2}$　(3) $\boldsymbol{-8b+23}$
(4) $\boldsymbol{x-13}$　(5) $\boldsymbol{4x-16}$　(6) $\boldsymbol{10x-6}$

❸ $\boldsymbol{V=a^3}$

解説

❶(2) $(3x-8)\times(-6)$

$=3x\times(-6)-8\times(-6)=-18x+48$

(4) $(5x+30)\div5=(5x+30)\times\frac{1}{5}$

$=5x\times\frac{1}{5}+30\times\frac{1}{5}=x+6$

❷(2) $2(3x-4)+3(3x+2)$

$=6x-8+9x+6=15x-2$

(5) $\frac{x-4}{3}\times12=(x-4)\times4$

$=x\times4-4\times4=4x-16$

❸ **立方体の体積＝１辺×１辺×１辺** より，

$V=a\times a\times a\rightarrow V=a^3$

No. 30 関係を表す式／方程式

❶ (1) $\boldsymbol{90-5x=y}$　(2) $\boldsymbol{\frac{a}{4}\geqq b}$
(3) $\boldsymbol{6x+150<500}$

❷ ㋒

❸ (1) $\boldsymbol{x=7}$　(2) $\boldsymbol{x=-3}$　(3) $\boldsymbol{x=-\frac{2}{3}}$
(4) $\boldsymbol{x=9}$　(5) $\boldsymbol{x=-2}$　(6) $\boldsymbol{x=-16}$
(7) $\boldsymbol{x=1}$　(8) $\boldsymbol{x=-14}$

解説

❷ ㋒　左辺$=2+4=6$
右辺$=-2\times2+10=6$
（左辺と右辺は）等しい

❸ 等式の性質を利用して解く。

(1) $x+5=12$，$x+5-5=12-5$，

$x=7$　(両辺から同じ数をひいても，等式は成り立つ。)

(4) $-\frac{x}{3}=-3$，$-\frac{x}{3}\times(-3)=-3\times(-3)$，

$x=9$　(両辺に同じ数をかけても，等式は成り立つ。)

No. 31 方程式の解き方

❶ (1) $\boldsymbol{x=2}$　(2) $\boldsymbol{x=1}$　(3) $\boldsymbol{x=6}$
(4) $\boldsymbol{x=2}$　(5) $\boldsymbol{x=-2}$　(6) $\boldsymbol{x=-3}$

❷ (1) $\boldsymbol{x=7}$　(2) $\boldsymbol{x=-3}$　(3) $\boldsymbol{x=5}$
(4) $\boldsymbol{x=\frac{1}{5}}$

❸ (1) $\boldsymbol{x=6}$　(2) $\boldsymbol{x=-5}$　(3) $\boldsymbol{x=2}$
(4) $\boldsymbol{x=-3}$

解説

❶ まず，**(x をふくむ項)＝(数の項)** となるように，それぞれの項を移項する。

❷(2) $2x-3(3x+4)=9$，

$2x-9x-12=9$，$2x-9x=9+12$，

$-7x=21$，$x=-3$

❸(1) 両辺に10をかけて，**係数を整数に**する。

$0.7x-1=0.3x+1.4$，

$(0.7x-1)\times10=(0.3x+1.4)\times10$，

$7x-10=3x+14$，$4x=24$，$x=6$

(3) 両辺に分母の最小公倍数の10をかけて，**分母をはらう。**

$\frac{1}{2}x-\frac{2}{5}=\frac{4}{5}x-1$，

$\left(\frac{1}{2}x-\frac{2}{5}\right)\times10=\left(\frac{4}{5}x-1\right)\times10$，

$5x-4=8x-10$，$-3x=-6$，$x=2$

No. 32 方程式の応用

❶ (1) $\boldsymbol{x=8}$　(2) $\boldsymbol{x=18}$

❷ (1) $\boldsymbol{a=6}$　(2) $\boldsymbol{a=-9}$

❸ **120円**

❹ **140脚**

❺ **1750円**

解説

❶ $a：b=c：d$ ならば $ad=bc$ を利用する。

❷ x に-2を代入し，a についての方程式を解く。

❸ ノート１冊の値段を x 円とすると，
$1000-(3x+500)=140$

❹ いすの数を x 脚とすると，
$3x+12=4(x-32)$

❺ 兄が出す金額を x 円とすると，
$3000：x=(7+5)：7$，$3000\times7=12x$

No. 33 比例

❶ ① $y=4x$　② $y=\dfrac{6}{x}$

③ $y=\dfrac{5}{2}x$ （$y=2.5x$）

比例するもの…①，③

❷ (1) $y=-4x$　(2) $y=-6$

❸ (1) $y=4x$　(2) **15分後**

(3) $0\leqq x\leqq40$，$0\leqq y\leqq160$

解説

❶③　肉１g あたりの値段は，
$250\div100=\dfrac{5}{2}$(円)なので，$y=\dfrac{5}{2}x$

❷(1)　$y=ax$とおき，$x=-2$，$y=8$ を代入して，
$8=a\times(-2)$，$a=-4$

❸(2)　$y=4x$ に $y=60$ を代入して，
$60=4x$，$x=15$(分後)

(3)　満水の160L 入れるのにかかる時間は，
$160\div4=40$(分)なので，x の変域は，
$0\leqq x\leqq40$

No. 34 比例のグラフ

❶ (1) **A**$(-4,\ 2)$　**B**$(-2,\ -4)$
C$(3,\ 0)$

(2) $y=\dfrac{2}{3}x$

❷ **右図**

❸ (1) $y=\dfrac{3}{4}x$

(2) **200cm³**

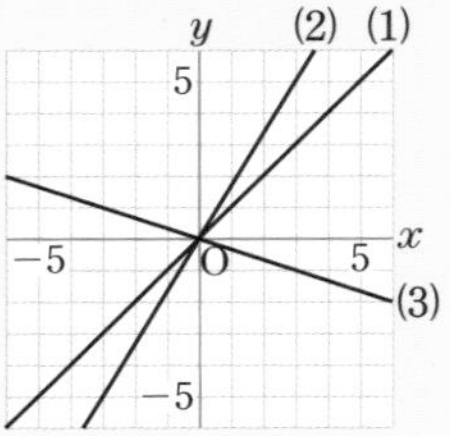

解説

❷ **原点ともう１点をとって，これらを通る直線**をひく。

(3)　$y=-\dfrac{1}{3}x$ のグラフになる。

❸(2)　$y=\dfrac{3}{4}x$ に $y=150$ を代入して，x の値を求める。

No. 35 反比例

❶ ① $y=16x$　② $y=\dfrac{36}{x}$　③ $y=\dfrac{200}{x}$

反比例するもの…②，③

❷ (1) ① $y=\dfrac{8}{x}$　② $y=-\dfrac{12}{x}$

(2) ㋐ -2
㋑ 1.6
㋒ -4
㋓ -1.2

❸ (1) $y=\dfrac{5}{x}$

(2) **右図**

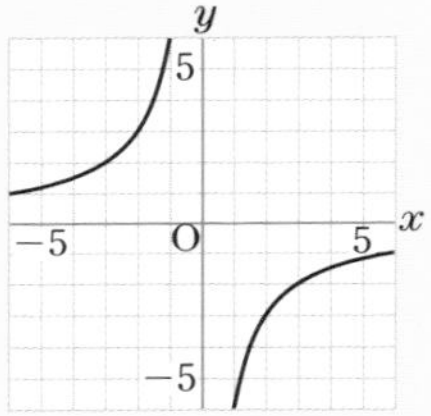

解説

❷(1)①　$y=\dfrac{a}{x}$ とおき，$x=2$，$y=4$ を代入して，
$4=\dfrac{a}{2}$，$a=8$　式は，$y=\dfrac{8}{x}$

❸(1)　グラフは，点$(1,\ 5)$を通るから，
$y=\dfrac{a}{x}$ に，$x=1$，$y=5$ を代入して，
$5=\dfrac{a}{1}$，$a=5$　式は，$y=\dfrac{5}{x}$

(2)　なるべく多くの点をとって曲線をかく。
x 軸，y 軸とは交わらないことに注意。

No. 36 直線と角／円

❶ (1) ① **AD＝BC**　② **AB // DC**
③ **AB⊥AD**

(2) **∠DBC**（**∠CBD**）

❷ (1) **弦**　(2) **弧，$\overset{\frown}{AB}$**

❸ (1) **点F**　(2) **点C**

解説

❶(2)　角の頂点を表すBをまん中に書くことに注意する。

❸(2)　各点から直線 ℓ にひいた垂線の長さを比べる。

ANSWERS

No.37 作図／図形の移動／円とおうぎ形

❶

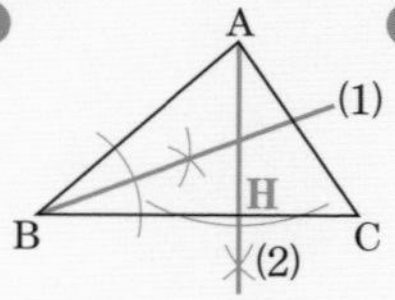

❷

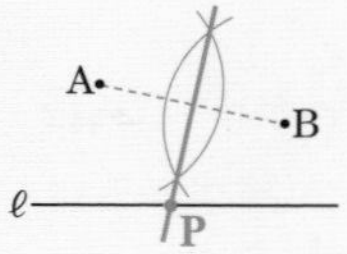

❸

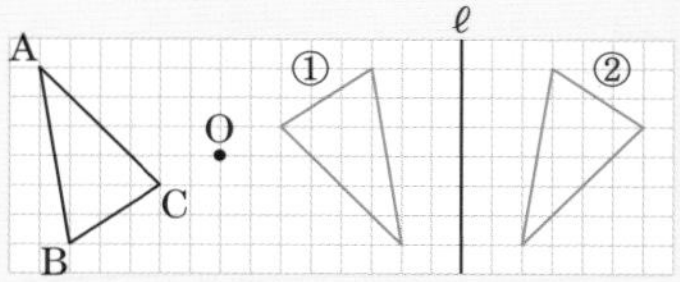

❹ **弧の長さ…12π cm，面積…96π cm^2**

解説

❶(1)　頂点Bを中心に円をかき，この円と2辺BA，BCとの交点を中心に等しい半径の円をかく。その交点を通る，頂点Bからの半直線をひく。

(2)　頂点Aを通る，辺BCの**垂線**を作図する。頂点Aを中心に円をかき，この円と辺BCとの2つの交点を中心に等しい半径の円をかく。その交点を通る，頂点Aからの半直線をひき，辺BCとの交点をHとする。

❷線分ABの**垂直二等分線**と直線ℓとの交点が点Pとなる。A，Bを中心に等しい半径の円をかき，2円の交点を結ぶ直線をひく。この直線と直線ℓとの交点をPとする。

❹弧の長さは，$2\pi\times16\times\frac{135}{360}=12\pi$(cm)

面積は，$\pi\times16^2\times\frac{135}{360}=96\pi$(cm^2)

別解　**おうぎ形の面積 $S=\frac{1}{2}\ell r$** $\left(\begin{array}{l}\ell:\text{弧の長さ}\\ r:\text{半径}\end{array}\right)$

を利用して，$\frac{1}{2}\times12\pi\times16=96\pi$(cm^2)

No.38 空間における平面と直線

❶ (1) ①㋑　②㋓

(2) ㋐，㋑，㋒　(3) ㋐，㋒

❷ (1) **辺AD，辺BE**　(2) **辺BC，辺EF**

(3) **面ACFD，面BCFE，面ABED**

❸ ㋐，㋓

解説

❶(2)　多面体は，**平面だけ**で囲まれた立体。

(3)　五面体は，**5つの平面**で囲まれた立体。

❷(2)　辺ADと平行でなく，交わらない辺を見つける。

❸直方体を使って考えるとよい。

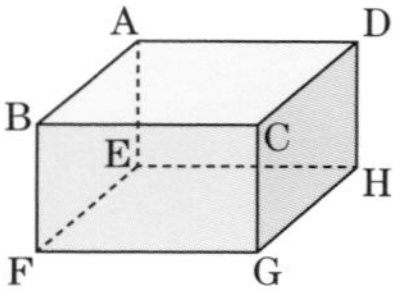

㋑　右の図で，辺ABと平行な面である面EFGHと，面CGHDは，平行でなく垂直である。

㋒　面ABFEと垂直な面である面ABCDと，面BFGCは，平行でなく垂直である。

No.39 立体のいろいろな見方

❶ (1) **五角柱**　(2) **円柱**

❷ (1) ㋓　(2) ㋒　(3) ㋑

❸ **垂直になる面…面B，面C，面D，面E**

平行になる面…面F

❹ ㋐，㋓

解説

❹円柱を，右の図のように見ると，立面図も平面図も長方形になる。

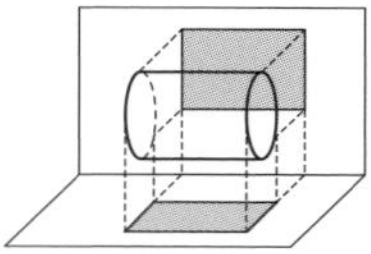

No.40 立体の体積と表面積

❶ **体積…108cm^3，表面積…168cm^2**

❷ **体積…63π cm^3，表面積…60π cm^2**

❸ **体積…128π cm^3，表面積…144π cm^2**

❹ **体積…288π cm^3，表面積…144π cm^2**

解説

角柱・円柱の体積 $V=Sh$

角錐・円錐の体積 $V=\frac{1}{3}Sh$　$\left(\begin{array}{l}S:\text{底面積}\\ h:\text{高さ}\end{array}\right)$

角柱・円柱の表面積＝側面積＋底面積×2

角錐・円錐の表面積＝側面積＋底面積

球の体積　$V=\frac{4}{3}\pi r^3$　$\left(\begin{array}{l}r:\text{半径}\\ \pi:\text{円周率}\end{array}\right)$

球の表面積 $S=4\pi r^2$

❶体積は，$\frac{1}{2}\times6\times4\times9=108$(cm^3)

表面積は，

$9\times(5+5+6)+\frac{1}{2}\times6\times4\times2=168$(cm^2)

❷ 体積は，$\pi\times3^2\times7=63\pi(\mathrm{cm}^3)$

表面積は，

$7\times\pi\times6+\pi\times3^2\times2=60\pi(\mathrm{cm}^2)$

❸ 体積は，$\dfrac{1}{3}\times\pi\times8^2\times6=128\pi(\mathrm{cm}^3)$

おうぎ形の弧の長さは中心角に比例するから，

側面のおうぎ形の中心角は，

$360^\circ\times\dfrac{2\pi\times8}{2\pi\times10}=288^\circ$

よって，表面積は，

$\pi\times10^2\times\dfrac{288}{360}+\pi\times8^2=144\pi(\mathrm{cm}^2)$

No. 41 データの活用

❶ (1) ㋐ **32.5**　㋑ **42.5**　㋒ **187.5**

　㋓ **85**　㋔ **787.5**

(2) **18人**

(3) **0.40**

(4) **32.5kg**

(5) **31.5kg**

(6) **右図**

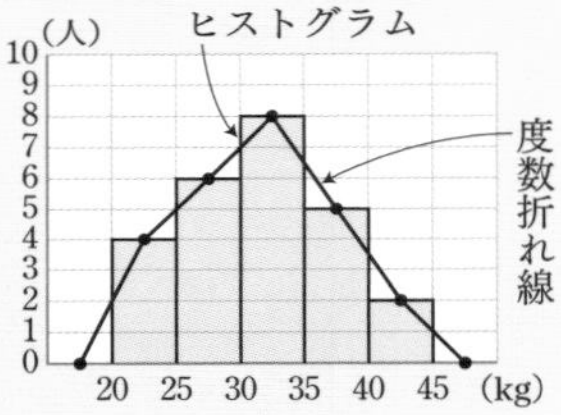

❷ (1) **裏**

(2) **0.43**

(3) **2150回**

解説

❶(3)　20kg 以上25kg 未満の相対度数は，

$\dfrac{4}{25}=0.16$

25kg 以上30kg 未満の相対度数は

$\dfrac{6}{25}=0.24$

したがって，累積相対度数は，

$0.16+0.24=0.40$

(5)　$\dfrac{787.5}{25}=31.5(\mathrm{kg})$

❷(2)　相対度数は，

$0.41\to0.42\to0.433\to0.432$

となり，0.43に近づく。

(3)　$5000\times0.43=2150$(回)

No. 42 総復習テスト(数学)

❶ (1) **$-2<-1.2<0$**

(2) **-3，-2，-1，0，1，2，3**

❷ (1) **8**　(2) **-6**　(3) **$-\dfrac{3}{4}$**　(4) **4**

❸ **15**

❹ (1) **$-6a+1$**　(2) **$5x-10$**

(3) **$-10x+15$**　(4) **$-3x+2$**

❺ (1) **$x=-3$**　(2) **$x=\dfrac{2}{3}$**

(3) **$x=-5$**　(4) **$x=16$**

❻ (1) **$2^3\times3\times7$**　(2) **$2^2\times3^3\times5$**

❼ **シール…5枚，色紙…3枚**

❽ (1) **$y=-\dfrac{3}{2}x$**　(2) **$y=-\dfrac{24}{x}$**

❾ (1) **△OCD，△FOE**

(2) **直線 BE**

❿ **右図**

⓫ **体積…12π cm³**

表面積…24π cm²

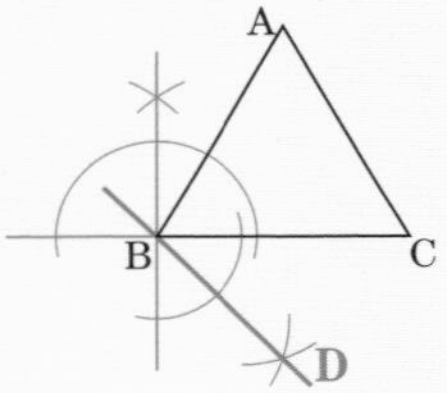

解説

❷(3)　$\left(-\dfrac{3}{4}\right)^2\times\dfrac{6}{7}\div\left(-\dfrac{9}{14}\right)$

$=\dfrac{9}{16}\times\dfrac{6}{7}\times\left(-\dfrac{14}{9}\right)=-\dfrac{3}{4}$

❺(3)　$\dfrac{2}{5}x-1=\dfrac{2x+1}{3}$,

$\left(\dfrac{2}{5}x-1\right)\times15=\dfrac{2x+1}{3}\times15$,

$6x-15=(2x+1)\times5$,

$6x-15=10x+5$，$-4x=20$，$x=-5$

❼ シールの枚数を x 枚とすると，

$50x+80(8-x)=490$，$x=5$

色紙の枚数は，$8-5=3$(枚)

❿ 正三角形の1つの角は60°で，105°＝60°＋45°なので，∠CBD＝45° となる点Dを作図すればよい。45°の角は，点Bを通る，辺BCの**垂線**の作図から90°の角をつくり，この**角の二等分線**を作図する。

⓫ 体積は，$\dfrac{1}{3}\times\pi\times3^2\times4=12\pi(\mathrm{cm}^3)$

側面のおうぎ形の中心角は，

$360^\circ\times\dfrac{2\pi\times3}{2\pi\times5}=216^\circ$

よって，表面積は，

$\pi\times5^2\times\dfrac{216}{360}+\pi\times3^2=24\pi(\mathrm{cm}^2)$

No.43 漢字の読み・書き ①

❶ (1) ひた (2) くさり (3) はず (4) となり (5) あお (6) のうたん (7) せんれつ (8) えいびん (9) がんちく (10) こぶ

❷ (1) 補 (2) 築 (3) 務 (4) 険 (5) 劇 (6) 民衆 (7) 批評 (8) 俳優 (9) 穀物 (10) 警察署

解説 ❶ (1)「浸す」は、同じ音読みと部分をもつ「侵《おか》す」との区別に注意する。
❷ (3)「務める」は、同訓異字の「努める」、「勤める」に注意。

No.44 漢字の読み・書き ②

❶ (1) しりぞ (2) いちじる (3) とら (4) とどこお (5) うなが (6) おもむ (7) かんきゅう (8) はあく (9) すいこう (10) きんこう

❷ (1) 浴 (2) 営 (3) 快 (4) 厳 (5) 預 (6) 財産 (7) 尊重 (8) 売買 (9) 根幹 (10) 協賛

解説 ❶ (7)「緩急」は、反対の意味の漢字を組み合わせた構成の熟語。訓読みの「緩《ゆる》い」「緩やか」と「急ぐ」も覚える。
❷ (2)「営」と(4)「厳」の部首は「つかんむり」。

No.45 漢字の成り立ち／部首・画数

❶ (1) **ウ** (2) **ア** (3) **エ** (4) **イ** (5) **ウ** (6) **エ**

❷ (1) 夂・12 (2) 穴・11 (3) 耳・14 (4) 疒・12 (5) 隹・14

❸ (1) ごんべん (2) おおがい(いちのかい) (3) れんが(れっか) (4) うかんむり

❹ (1) **カ** (2) **オ** (3) **ウ** (4) **ア** (5) **イ** (6) **エ**

解説 ❶ **ウ**「会意」は、**複数の字を組み合わせて、新しい意味を表した**もの、**エ**「形声」は、**音を表す部分と意味を表す部分とを組み合わせた**もの。

No.46 言葉の単位

❶ 文節・文章

❷ (1) **ウ** (2) **ア**

❸ **ア・ウ・エ・キ**(順不同)

❹ (1) 大きな｜木が｜ある。
(2) 父と｜母が｜買い物に｜行く。
(3) 読み終えた｜本を｜返して｜きた。
(4) 妹は｜今日｜風邪で｜学校を｜休んだ。

❺ (1) 洗面所｜で｜手｜を｜洗う。
(2) 新しい｜服｜を｜買っ｜た。
(3) 今日｜は｜ずっと｜家｜で｜勉強する。
(4) 友達｜が｜忘れ物｜を｜届け｜て｜くれ｜た。

解説 ❷「文節」は、**発音上・意味上、不自然にならないように、できるだけ短く区切った**まとまり。
❸「単語」は、**意味を壊《こわ》さないように分けた、言葉としての最小の単位。イ**は「安い・服」、**オ**は「寝《ね》・て・いる」、**カ**は「君・と・僕《ぼく》」、**ク**は「手・に・余る」という複数の単語から成る。

No.47 文の組み立て

❶ (1) 僕は・褒められました (2) 父が・作る (3) 冬も・間近だ

❷ (1) 見える (2) ないと

❸ (1) すると (2) あれ (3) 晴れならば (4) 三月五日

❹ (1) **エ** (2) **イ** (3) **オ** (4) **ア** (5) **ウ**

❺ (1) **ア** (2) **イ** (3) **イ** (4) **ア**

解説 ❸ (4)「三月五日」は、**どの文節にも直接係っていないので**独立語。
❹ (1)「よく考えてみると」は、**自然にあとに続くことを示す**接続部。

No.48 指示語・接続語

❶ (1) ここ・その

ANSWERS

(2) あちら・そう・それ
(3) どこ・あんな（(1)～(3)は各順不同）
❷ (1) 公園　(2) 帽子　(3) つまらない
❸ (1) **ウ**　(2) **イ**
❹ (1) しかし　(2) だから　(3) それとも
(4) なぜなら

解説 ❷ (2)「あれ」は、話し手と聞き手の**両方から離《はな》れた事物**を指す。(3)「つまらない」は一つの単語で形容詞。
❹ (4)「なぜなら」は、前の内容についての**理由・原因の説明**を示す接続語。

No.49 小説①

❶ (1) 無鉄砲
(2) 例学校の二階から飛び降りた。
(3) **ウ**　(4) **イ**　(5) **ア**

解説 (5)二階から飛び降りた話と、ナイフで指を切った話は、**「無鉄砲《むてっぽう》」な性格**であることを表す話題である。

No.50 小説②

❶ (1) ㋐(こいつは)どうせ碌なものにはならない
㋑乱暴で乱暴で行く先が案じられる
(2) ㋐なるほど碌な～始末である。
㋑行く先が案じ～かりである。
(3) この兄は　(4) **ウ**　(5) **イ**

解説 (2)㋐父と㋑母がいったことそれぞれに対して、「おれ」が**自身を振《ふ》り返って考えている部分**を探す。

No.51 随筆《ずいひつ》①

❶ (1) **A ウ　B エ　C ア　D イ**
(2) 例家庭科の調理実習で「目玉焼き」を習う日。
(3) うまく割れるだろうか
（黄身をつぶしてしまう）
(4) 例すき焼きでは、生卵を混ぜて使うから。
(5) **ウ**

解説 (3)「うまく焼けるだろうか、という**以前の大問題**」とあることに注意。

No.52 随筆②

❶ (1) 例生卵を割ること。（8字）
(2) 例フライパンを火にかけないで、先に卵を茶碗に割り入れるやり方。
(3) ③**イ・エ**　④**ウ・オ**（各順不同）
(4) **A ウ　B ア**　(5) **エ**

解説 (3)④「魔法《まほう》」というたとえに「**～ように**」などを使っていないので、**オ**「隠喩《いんゆ》」。

No.53 説明文①

❶ (1) A 地震　B 自信
(2) なぜかという～ことが多い。
(3) しなければならないこと
(4) **C イ　D エ**
(5) 例自信がない人が、余計なことを考えて失敗する例。（23字）

解説 (5)**直前**で述べられたことの例になっている。答えは、「自信のない人が余計なことを考えてしまう場合の例。（24字）」などとしても正解とする。

No.54 説明文②

❶ (1) 自信がない
(2) （水泳陣は）メダルを何個か手にすること（ができる）
(3) 例周囲がみんな日本人である状況。
(4) **A ウ　B ア**　(5) **ウ**

解説 (5)オリンピックを例に挙げて、**日本人に自信がないこと**を説明している。

No.55
論説文①

1
(1)スペイン人(スペインの人)
(2)日本人とき　(3)**ウ**
(4)例(日本人の生活を観察し、)日本についてさまざまな報告を書いた。
(5)**イ**

解説　(5)文章の初めのほうに、「つくづく**反省させられます。**」とあることに注目。

No.56
論説文②

1
(1)①例フロイスが夕方に散歩をすると
②例織豊時代の日本人は、あまり散歩を知らなかったようなので
(2)日本人にと〜うんです。
(3)**イ**　(4)**エ**

解説　(3)日本人は散歩というものを知らなかったという話から、□のあとは、**話題が変わっている。**
(4)日本人の**昔と今の散歩についてのとらえ方が、あまり変わっていないという内容**である。

No.57
詩

1
(1)例周りはまだ冬景色で、色がないから。
(2)②**イ**　③**エ**　(3)春　(4)**ア**

解説　(1)第二連が、**冬の野山の景色**の描写《びょうしゃ》であることから考える。
(4)**感動の中心**である第四連に注目。子供達《たち》は、にじんだ黄色に「まんさくの花」を連想したのだ。

No.58
古文①

1
(1)ⓐよろず　ⓑいいける　ⓒいたり　ⓓいうよう　ⓔおわする
(2)①**エ**　④**ア**　(3)筒の中
(4)例たいそう(とても・非常に)
(5)翁　(6)三寸ばかりなる人

解説　(1)ⓓ「やう(yau)」は「よう(yô)」と直す。
(2)①「あやしがる」と④「うつくし」の、**現代語との意味の違《ちが》い**に注意。
(5)「おうな」は「老婆《ろうば》・老女」という意味。

現代語訳　今はもう昔のことだが、竹取《たけとり》の翁《おきな》という人がいた。野山に分け入って竹を取っては、いろいろな物を作るのに使っていた。名前をさぬきの造《みやつこ》といった。
(ある日、)その竹の中に、根元の光る竹が一本あった。不思議に思って近寄って見ると、筒《つつ》の中が光っていた。それを見ると、三寸ほどの人が、たいそうかわいらしい姿で座っていた。
翁は、「私が朝夕に見る竹の中にいらっしゃったので気づいた。(私の)子供とおなりになるはずの人であるようだ。」と言って、手の中に入れて家へ持って来た。妻のおうなにあずけて育てさせる。(その子は)この上なくかわいらしかった。とても小さいので、籠《かご》に入れて育てる。

No.59
古文②

1
(1)ⓐおおじ　ⓑあわれ　ⓒもうけけり　ⓓそうらえ
(2)**ア**　(3)**ウ**　(4)**ア**　(5)一寸法師
(6)**エ**

解説　(1)ⓐ「ぢ」「づ」は「**じ**」「**ず**」と直す。
(3)「ぬれ」は打ち消しの「ぬ」ではなく、「〜した」という、**完了《かんりょう》の意味**を表す助動詞「ぬ」の活用した形。

現代語訳　そう遠くない昔、津《つ》の国の難波《なにわ》の里に、おじいさんとおばあさんがいた。おばあさんは四十歳《さい》になるまで、子供がいないことを悲しんで、住吉《すみよし》大社に参り、子供がいない(のでほしい)ことを祈《いの》り申し上げると、大明神がかわいそうにお思いになって、(おばあさんは)四十一歳というのに、おなかに子供ができたので、おじいさんはとても喜んだ。そして十か月後に、美しい男の子をもうけた。しかしながら、生まれた後、背が一寸ほどであったので、そのままその名前を、一寸法師と名づけられ

た。

年月が過ぎ、早くも十二、三歳《さい》になるまで育てたけれども、背も一人前にならず、(老夫婦が)よくよく思ったのは、(この子は)普通《ふつう》の人でなく、まるで異形《いぎょう》の者であり、わたしたちは、どんな罪の報いで、このような者を住吉大社よりいただいたのだ、情けないことよと嘆《なげ》くのは、はた目にも気の毒である。

No. 60 故事成語

❶ (1) 盾　(2) **イ**　(3) 盾と矛とをひさぐ者
(4) 例 つじつまが合わないこと。

❷ (1) **ウ**　(2) **ア**　(3) **オ**　(4) **カ**　(5) **イ**
(6) **エ**

解説　❶ (1)「これを誉《ほ》めていはく」のあとに続く言葉に注目する。

(4)「突《つ》き通せるものはない盾《たて》」と「どんなものでも突き通す矛《ほこ》」の**両方は、論理的に成り立たないこと**からできた言葉。

現代語訳　楚《そ》の国の人で盾と矛とを売る者がいた。盾を誉めて、「私の盾の堅《かた》いことといったら、突き通せるものはない。」と言った。また、矛を誉めて、「私の矛の鋭《するど》いことといったら、どんなものでも突き通さないものはない。」と言った。ある人が、「あなたの矛で、あなたの盾を突き通すとどうなるか。」ときいた。その人は答えることができなかった。

No. 61 総復習テスト (国語)

❶ (1) ⓐ慣　ⓑ過　ⓒ就職
(2) ㋐5　㋑10　(3) **A ウ**　**B ア**
(4) グループにいること(9字)　(5) **イ**

❷ (1) ⓐとえば　ⓑそうろう　ⓒおおかた
(2) ①坊主　③小児　(3) ②**イ**　⑤**エ**
(4) あめ　(5) **ウ**

解説　❶ (2)文節を「｜」で、単語を「｜」で分けると、「やはり｜それ｜で｜は｜結局｜自信｜が｜生まれ｜ませ｜ん」となる。「生まれませ ん」で一文節である。

(5)筆者は、日本人は**集団行動に自信があっても、自分一人となると駄目《だめ》**だと述べている。

❷ (2)③「小児《ちご》」が、**「坊主《ぼうず》」の秘蔵の水がめを割ったの**である。

(5)小児が坊主にした説明をよく読む。

現代語訳　ある山寺の坊主で、けちだった者が、あめを作ってただ一人で食べていた。よく管理して、そのつど棚《たな》に置いていたが、一人いた小児には食べさせないで、「これは人が食べれば死ぬものだ。」と言っていたけれども、この児は、ああ食べたい食べたいと思っていたところ、坊主が外出しているすきに、棚から取って下ろしたときに、こぼして、小袖《こそで》にも髪《かみ》にもつけてしまった。日ごろほしいと思っていたので、二、三杯《ばい》とたくさん食べて、坊主の秘蔵の水がめを、雨だれ受けの石に当てて、割っておいた。坊主が帰ってくると、この児がさめざめと泣く。「何で泣いているのだ。」と問うと、「大事な水がめを、あやまって割ってしまいましたときに、どんなおとがめがあるだろうかと、悔《く》やまれて、生きていても仕方がないと思って、人が食べれば死ぬとおっしゃいました物を一杯食べても死なず、二、三杯食べましても全く死なず。最後には小袖につけ、髪につけましたけれども、いまだに死にません。」と言った。あめは食われて、水がめは割られた。けちな坊主が得るところはなかった。

No. 62 生物の観察と分類

❶ (1) ① 目　② タンポポ
(2) ウ　(3) 右図
(4) a…めしべ（柱頭）
b…おしべ　c…がく

❷ (1) ウ　(2) 6 mm
(3) ① せまくなる。　② 暗くなる。

解説

❶ (2)　スケッチは細い線ではっきりかき，線をなぞったりかげをつけたりしない。

❷ (2)　0.03 mm ×200＝6 mm

No. 63 花のつくりとはたらき

❶ (1) A…エ　B…イ
(2) c→a→b→d　(3) やく

❷ (1) 胚珠　(2) 子房
(3) a…種子　b…果実　(4) 被子植物

❸ (1) ① A…雌花　B…雄花　② A
(2) イ　(3) 裸子植物

解説

❶ (2)　外側から中心に向けて，がく（c），花弁《かべん》（a），おしべ（b），めしべ（d）の順についている。

No. 64 植物の分類

❶ (1) ② 裸子植物　③ 単子葉類
④ 双子葉類
(2) A…④　B…③　(3) イ，オ

❷ (1) C　(2) B　(3) B，D　(4) 胞子

解説

❶ (2)　Aは双子葉類《そうしようるい》，Bは単子葉類《たんしようるい》の根のつくりである。

(3)　アのワラビ（シダ植物）と，エのスギゴケ（コケ植物）は種子をつくらない植物。

❷ (2)　コケ植物には根，茎《くき》，葉の区別がない。

No. 65 動物の分類①

❶ (1) A…ア，ウ　B…イ
C…ウ，エ，オ　D…イ　E…ア
(2) P…胎生　Q…卵生　(3) ア
(4) ① ウ　② エ　③ オ

❷ (1) ア　(2) イ

解説

❶ (1)　アの魚類《ぎょるい》の体表はうろこ，ウのは虫類《ちゅうるい》の体表はかたいうろこでおおわれている。魚類は一生えら呼吸である。

❷ (1)　草食動物は門歯《もんし》と臼歯《きゅうし》が発達しており，草を切ったりすりつぶしたりするのに適している。

(2)　目が顔の正面についていると，立体的に見える範囲《はんい》が広く，距離《きょり》がつかみやすい。

No. 66 動物の分類②

❶ (1) 無脊椎（動物）　(2) 節足（動物）
(3) 外骨格　(4) 気門

❷ (1) 背骨　(2) B…殻がない　C…殻がある
(3) 軟体動物　(4) 外とう膜
(5) ザリガニ，カニ

解説

❶ (2)　節足《せっそく》動物には，昆虫類《こんちゅうるい》，甲殻類《こうかくるい》，クモ類のほか，ムカデのなかまも属する。

(4)　昆虫類は**気管**《きかん》とよばれるつくりで呼吸を行うが，気門《きもん》は気管が体表に開いたところである。

❷ (2)　陸上にうむは虫類や鳥類《ちょうるい》の卵《らん》には，乾燥《かんそう》から守るための殻《から》がある。

No. 67 身のまわりの物質とその性質

❶ (1) A…ア　B…ウ　(2) 食塩　(3) Y

❷ ① ア　② イ

❸ (1) ウ　(2) 16.0 cm^3　(3) 鉄

解説

❶ (3)　プラスチックは**有機物**《ゆうきぶつ》である。

❸ (2)　メスシリンダーの目盛りを読むと $66.0\ \mathrm{cm}^3$ だから，$66.0\ \mathrm{cm}^3-50.0\ \mathrm{cm}^3=16.0\ \mathrm{cm}^3$

(3)　この金属の密度《みつど》は，

$\dfrac{125.8\,\mathrm{g}}{16.0\,\mathrm{cm}^3}=7.862\cdots\mathrm{g/cm}^3$ より，鉄と考えられる。

No. 68　気体の発生と性質①

❶ (1) **ア**　(2) **水上置換法**

(3) **水にとけにくい（性質）。**

❷ (1) **D**　(2) **ウ**　(3) **A，C**

❸ **つぶれる（へこむ）。**

解説

❸ ペットボトルの中の二酸化炭素が水にとけると，内側の気体が少なくなり，外側の空気に押されてペットボトルがつぶれる。

No. 69　気体の発生と性質②

❶ (1) **イ**

(2) **水溶液が白くにごった。**
（白色の沈殿ができた。）

(3) **A…水素　B…二酸化炭素**
C…酸素　D…アンモニア

(4) ① **手であおぐようにしてかぐ。**
② **アンモニア**

(5) ① **B**　② **D**　③ **C**

解説

❶ (2)　石灰水《せっかいすい》に二酸化炭素を通すと，石灰水が白くにごる。この性質は，二酸化炭素の確認に用いられる。

(3)　実験１より，AとDは空気より軽く，BとCは空気より重い。実験２よりBは二酸化炭素なので，Cは酸素とわかる。実験３よりAは水素，よって，Dはアンモニアとわかる。

(4)　②アンモニアには刺激《しげき》の強い特有のにおいがある。他の気体は無臭《むしゅう》である。

(5)　二酸化炭素は水に少しとけ，弱い酸性を示す。アンモニアは水によくとけ，弱いアルカリ性を示す。

No. 70　水溶液の性質

❶ (1) **砂糖…溶質**　**水…溶媒**

(2) **イ**　(3) **20 %**

❷ (1) **とけきる。**

(2) ① **硝酸カリウム**　② **8 g**

(3) **再結晶**

❸ **イ，エ**

解説

❶ (2)　砂糖の粒子《りゅうし》が均一に散らばっている。

(3)　濃度《のうど》$=\dfrac{50\ \mathrm{g}}{50\ \mathrm{g}+200\ \mathrm{g}}\times100=20$ より，20 %

❷ (1)　グラフから，50 ℃の水 100 g に，食塩は約 37 g，硝酸《しょうさん》カリウムは約 85 g とけるとわかる。

(2)　10 ℃の水 100 g に硝酸カリウムは約 22 g しかとけないので，30 g －22 g ＝8 g が結《けっ》晶《しょう》となって出てくる。（近い値《あたい》でも正解。）

❸ ろうとのあしは，ビーカーのかべにつける。また，液はろ紙の８分目以上入れないようにする。

No. 71　物質の状態変化

❶ **イ，ウ**

❷ (1) **80 ℃**　(2) **P…ウ　Q…オ**

❸ (1) **急な沸騰を防ぐため。**　(2) **エタノール**

(3) **例 においをかぐ（火をつけてみる）。**

(4) **蒸留**　(5) **沸点（のちがい）**

解説

❶ 温度の変化によって物質《ぶっしつ》の状態が変わることを，物質の**状態変化**《じょうたいへんか》という。

❷ (2)　Q点は物質が状態変化している最中。

❸ (2)　エタノールの沸点《ふってん》（78 ℃）近くでは，おもにエタノールが出てくる。

(4)(5)　沸点に差のある物質の混合物は，沸点の差を利用して物質を分けることができる。このような方法を蒸留《じょうりゅう》という。

No. 72　光の反射・屈折

❶ **イ**

❷ ① **ア**　② **ア**　**全反射**

❸ (1) **イ**　(2) **ア**

ANSWERS

解説

❶ 光が鏡などの物体に当たって反射《はんしゃ》するとき，光が鏡に当たる角度（入射角《にゅうしゃかく》）と鏡に当たって反射したときの角度（反射角《はんしゃかく》）は必ず**等しくなる**。

❷ 水やガラスから空気中に光が出ていくときは，屈折角《くっせつかく》は入射角より大きくなる。

❸ (1) 直方体のガラスを通過した光の道すじは，もとの入射光《にゅうしゃこう》と平行になる。

(2) 直方体のガラスの中に見える像《ぞう》は，(1)の**イ**の道すじの逆方向への延長上に見える。

No. 73 凸レンズのはたらき

❶ **下図**

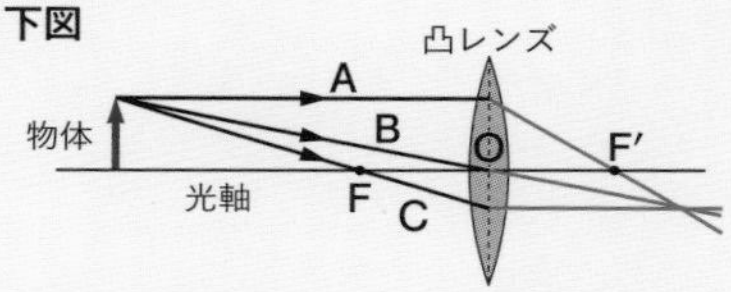

❷ (1) 像の位置…**Y**　　像の種類…**実像**

(2) **15 cm**

❸ (1) **イ**

(2) ① **長く（遠く）なる。**　② **大きくなる。**

解説

❶ 光軸《こうじく》に平行な光はレンズを通過後，焦点《しょうてん》を通るように進む。レンズの中心を通る光は直進する。焦点を通過してきた光は，レンズを通過後，光軸に平行に進む。

❷ (1) 物体《ぶったい》の位置が**2F**よりもレンズから遠いときは，焦点**F′**と**2F′**の間の**Y**の範囲《はんい》に像ができる。

(2) 物体の位置が焦点距離の2倍の位置のとき，同じく焦点距離の2倍の位置に物体と同じ大きさの実像《じつぞう》ができる。

❸ (1) 物体が焦点の外側にあるときは，上下左右が逆さまの**実像**が見える。

(2) ろうそくを焦点に近づけるほど，実像の位置は遠くなり，像の大きさは大きくなる。

No. 74 音の性質

❶ (1) **エ**　　(2) **音が空気を伝わること。**

❷ **119 m**

❸ (1) **ア**　　(2) ① **高い**　② **小さい**

解説

❶ 音は，空気が振動《しんどう》して四方八方に伝わる。空気などがないと**音は伝わらない**。

❷ 340 m/s × 0.7 s ÷ 2 = 119 m

❸ (1) 弦を短くすると振動数《しんどうすう》が多くなるので，高い音が出る。また，弦の張り方を強くするほど，振動数が多くなるので，高い音が出る。

(2) 高い音（**a**）は低い音（**b**）よりも，一定時間に振動する回数（**振動数**）が多い。また，小さい音（**a**）は大きな音（**b**）よりも，振動の幅（**振幅《しんぷく》**）が小さい。

No. 75 力のはたらき

❶ (1) **A…エ**　　**B…ア**

(2) **重力**　　(3) **力の大きさ**

❷ (1) **0.5 N**　　(2) **4 cm**　　(3) **150 g**

❸ (1) **0.5 N**　　(2) **300 g**　　(3) **質量**

解説

❷ (2) 80 g のおもりにはたらく重力の大きさは0.8 N。ばねののびは，ばねを引く力の大きさに比例するので，$2.5\ \text{cm} \times \dfrac{0.8\ \text{N}}{0.5\ \text{N}} = 4\ \text{cm}$

(3) $0.5\ \text{N} \times \dfrac{7.5\ \text{cm}}{2.5\ \text{cm}} = 1.5\ \text{N}$ より，150 g。

❸ (1)(2) 月面上では，300 g の物体の重さは地球上の6分の1の0.5 N になる。また，分銅の重さも6分の1になるので，300 g の分銅とつり合う。

No. 76 力のつり合い

❶ (1) ① **B**　② **D**　　(2) **CとE**

❷ (1) **イ**　　(2) **ア，イ，エ**

❸ (1) **50 g**　　(2) **2 cm**　　(3) **3 N**

解説

❷ (2) つり合う2力は，**一直線上**にあって**逆向き**に**同じ大きさ**ではたらく力である。

❸ (2) ばねの両端を同じ 0.5 N の力で引くとき，ばねにはたらく力は 0.5 N である。

(3) 本の重さ（本にはたらく重力の大きさ）は3 N で，この力と机《つくえ》から受ける**垂直抗力《すいちょくこうりょく》**とがつり合っている。

No. 77 火山活動と火成岩

1 (1) **マグマ**　(2) **マグマのねばりけ**　(3) **B**

2 ① **エ**　② **イ**　③ **花こう岩**

3 (1) **A…火山岩**　**B…深成岩**

(2) **A…斑状組織**　**B…等粒状組織**

(3) **ア**

解説

1 (3)　ねばりけの強いマグマは，火口から噴出《ふんしゅつ》しても流れにくい。ねばりけの弱いマグマは，火口から噴出すると流れやすい。

3 (2)(3)　Aは，細かい粒《つぶ》でできた石基《せっき》の中に斑《はん》晶《しょう》とよばれる大きな鉱物《こうぶつ》が散らばっているつくり。Bは，すべて大きな鉱物からできているつくり。

No. 78 地震の伝わり方

1 ① **震度**　② **10**　③ **7**

2 (1) **初期微動**　(2) **P波**　(3) **イ**

3 (1) **12秒**　(2) **96 km**

4 **エ**

解説

1 **震度《しんど》**は，5と6での強・弱をふくむ0〜7の10段階に分けられている。

2 (1)(2)　Aははじめの小さなゆれで，地震の波のP波が届いて起こる。

3 (1)　初期微動継続時間とは，ある地点で初期微動が続いた時間のこと。図の目盛りは，1目盛りが2秒である。

(2)　求める震源距離《しんげんきょり》を x km とすると，

160 km：x＝20秒：12秒より，x＝96 km

4 日本付近では，海洋プレートが大陸プレートの下に沈《しず》みこんでいる。

No. 79 地層と過去のようす

1 (1) **風化**　(2) **A…れき**　**B…砂**　**C…泥**

(3) **粒の大きさ**

2 (1) **凝灰岩**　(2) **イ**

(3) ① **浅い海**　② **示相化石**

3 (1) **しゅう曲**　(2) **断層**　(3) **引っ張る力**

解説

1 (2)(3)　れき，砂，泥《どろ》は，**粒《つぶ》の大きさ**で区別され，粒が小さくて軽いものほど，海岸から遠くの沖《おき》合いまで運ばれて堆積《たいせき》する。

2 (1)　凝灰岩《ぎょうかいがん》は，火山灰《かざんばい》などの火山噴出物が堆積してできた岩石。

3 (2)(3)　P－Qの断層《だんそう》面に沿って，上盤《じょうばん》（傾斜面《けいしゃめん》に対して上にあたるほう）が下がっているので正断層《せいだんそう》である。正断層は，断層面を境に左右から引っ張る力がはたらいて生じる。

No. 80 総復習テスト（理科）

1 (1) ① **ア**

② **実像**

(2) **エ**

(3) ① **右図**

② **虚像**

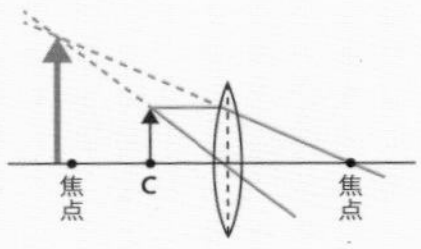

2 **A…酸素**　**B…二酸化炭素**

C…水素　**D…空気**

3 (1) ① **Y**　② **主要動**

(2) ① **短**　② **小さ**　(3) **75 km**

(4) **10時15分15秒**

4 (1) **ⓐ…子房の中にある。**

ⓑ…むき出しになっている。

(2) **根…イ**　**葉…ウ**

(3) **A…ホウセンカ**　**B…イネ**

C…イチョウ，マツ　**D…ワラビ**

(4) **A**

解説

1 (2)　A点は焦点距離《しょうてんきょり》の2倍の位置だから，像《ぞう》は実物と同じ大きさになる。

2 酸素はものの燃焼を助けるが自身は燃えない。

3 (1)　XがP波，YがS波を示している。

(3)　2本のグラフの間が10秒である距離を求める。

(4)　2本のグラフを時刻の軸《じく》に延長したときの，軸との交点から求められる。

4 (2)　単子葉類《たんしようるい》の場合，根は**ひげ根《ね》**で，葉の葉《よう》脈《みゃく》は**平行脈《へいこうみゃく》**。

No. 81 世界の姿

❶ (1) **Xユーラシア　Y太平洋《たいへいよう》**

(2) **南緯《なんい》20度，東経《とうけい》75度**

(3) ① **シンガポール**　② **ブエノスアイレス**

(4) ① **d・オセアニア**　② **a・ヨーロッパ**

③ **c・アジア**

(5) ① **ロシア**　② **エジプト**　③ **中国《ちゅうごく》**

解説　❶ (2)Zは**赤道**より南にあるので南緯，**本初子午線《ほんしょしごせん》**より東にあるので東経となる。(3)**地図Ⅱ**は，中心からの距離《きょり》と方位が正しい地図。(4)①はオーストラリア，②はイギリス，③はインド。

No. 82 時差と日本の領域

❶ (1) **遅《おく》らせる（戻《もど》す）**　(2) **7**

(3) **12月31日午前7時**

❷ (1) ① **イ**　② **ウ**

(2) **A択捉《えとろふ》　B南鳥《みなみとり》　C沖ノ鳥《おきのとり》　D与那国《よなぐに》**

(3) **ロシア（連邦《れんぽう》）**　(4) **排他的《はいたてき》経済水域**

解説　❶ (2)Xは東経《とうけい》135度，Yは東経30度を標準時子午線としていることから，経度《けいど》差は135－30＝105で105度。経度15度ごとに1時間の時差が生じるので，105÷15＝7で，時差は7時間となる。(3)Xは東経135度，Zは西経《せいけい》120度を標準時子午線としている。東経の場所と西経の場所の経度差は足し算で求めるので，135＋120＝255で，経度差は255度。これを15で割って時差を求めると，時差は17時間。Xのほうが時刻が進んでいるので，Xの時刻から17時間遅《おそ》い時間がZの時刻となる。

❷ (1)日本は，地中海《ちちゅうかい》沿岸の国々とほぼ同緯度《いど》にある。(3)Aの択捉島と，国後島《くなしりとう》，色丹島《しこたんとう》，歯舞《はぼまい》群島を合わせて**北方領土《ほっぽうりょうど》**という。北方領土は日本固有の領土だが，現在ロシアに不法に占拠《せんきょ》されている。(4)**排他的経済水域**は沿岸国がその範囲《はんい》内の水産資源や鉱産資源を利用する権利をもつ水域である。

No. 83 日本の都道府県と県庁所在地

❶ (1) **Bエ　Cイ**　(2) **C東北《とうほく》地方**

E中部《ちゅうぶ》地方　(3) **A札幌《さっぽろ》　B盛岡《もりおか》**

❷ (1) ① **中部地方**　② **関東《かんとう》地方**

③ **北海道《ほっかいどう》地方**

(2) **山梨《やまなし》県，長野《ながの》県，岐阜《ぎふ》県（順不同）**

解説　❶ (1)第1位から順に，北海道，岩手《いわて》県，福島《ふくしま》県，長野《ながの》県，新潟《にいがた》県。

❷ (2)海に面していない内陸県は，関東地方の栃《とち》木《ぎ》県，群馬《ぐんま》県，埼玉《さいたま》県，中部地方の山梨県，長野県，岐阜県，近畿《きんき》地方の滋賀《しが》県，奈良《なら》県の8つ。

No. 84 世界の人々の生活と環境①

❶ (1) ① **エ**　② **ア**　③ **オ**　④ **ウ**

(2) **温帯**　(3) **オアシス**　(4) **永久凍土《とうど》**

(5) **イ**

(6) **例 移動しやすいように，組み立て式になっている。**

解説　❶ (1)①は北極圏《ほっきょくけん》の先住民であるイヌイットの説明，②は西アジアや北アフリカの乾燥《かんそう》地域に住む人々の説明，③は南アメリカのアンデス高地に住む人々の説明。(2)ローマは温帯のうち**地中海性気候**に属している。(5)写真は，モンゴルの遊牧民のゲルと呼ばれる住居。

No. 85 世界の人々の生活と環境②

❶ (1) **熱帯**　(2) **Z**　(3) **ヒンドゥー教**　(4) **C**

(5) **イ**　(6) **Bエ　Cア**

解説　❶ (3)Dは主にインドに分布しているのでヒンドゥー教と判断する。(4)写真は，チャドルを着たイスラム教徒の女性。(5)**ア**はヒンドゥー教，**ウ**はイスラム教，**エ**は仏教の説明。

No. 86 アジア州

❶ (1) **ヒマラヤ**　(2) **モンスーン**　(3) **エ**

(4) **経済特区《けいざいとっく》**　(5) **一人っ子政策**

(6) **エ**　(7) **石油（原油）**　(8) **ASEAN《アセアン》**

(9) **例 労働力が豊富で，賃金が安いなどの利点があるから。**

解説　❶ (3)㋑のチャオプラヤ川などのアジア南東部の大きな川の流域では，稲作《いなさく》がさかん。(6)近年，経済発展が著《いちじる》しい，ブラジル（Brazil），ロシア（Russia），インド（India），中国《ちゅうごく》（China），南アフリカ共和国（South Africa）をまとめて，それらの頭文字をとって**BRICS《ブリックス》**と呼んでいる。(7)㋒はペルシア（ペルシャ）湾《わん》。日本は石油の8割以上をサウジアラビアやアラブ首長国連邦《れんぽう》などのペルシア湾岸《わんがん》の国々から輸入している。

No.87　ヨーロッパ州

❶ (1) **Aゲルマン　Bラテン**　(2) **EU《イーユー》**

(3) **ユーロ**　(4) **エ**

(5) **例 暖流の北大西洋海流と，その上空を吹《ふ》く偏西風《へんせいふう》の影響《えいきょう》を受けているから。**

(6) **イ**

解説　❶ (1)ゲルマン系はヨーロッパ北部の国，ラテン系は南部の国，スラブ系は東部の国に多く分布している。(4)経済的に豊かな国は西ヨーロッパに多く，貧しい国は東ヨーロッパに多い傾向《けいこう》にある。(6)地中海《ちちゅうかい》沿岸では，乾燥《かんそう》する夏にオリーブやぶどうなどを栽培《さいばい》し，やや雨が降る冬に小麦を栽培する，**地中海式農業**が行われている。

No.88　アフリカ州

❶ (1) **Aサハラ砂漠《さばく》　Bナイル川**

(2) **プランテーション**　(3) **Xイ　Yア**

(4) **モノカルチャー経済**

(5) **例 農作物の不作や国際価格の下落などの影響《えいきょう》を受け，不安定であること。**

(6) **レアメタル（希少金属）**

(7) **アフリカ連合（AU《エーユー》）**

解説　❶ (3)**X**のギニア湾岸《わんがん》のコートジボワールやガーナでは，チョコレートの原料であるカカオの栽培《さいばい》がさかん。**Y**のケニアやエチオピアの高地では，コーヒーの栽培がさかん。(6)レアメタル（希少金属）は携帯《けいたい》電話などの電子機器に多く使われている。

No.89　北アメリカ州

❶ (1) **ヒスパニック**　(2) **ロッキー山脈**

(3) **Aイ　Bエ**　(4) **イ**

(5) **Y五大　Zサンベルト**　(6) **シリコンバレー**

解説　❶ (2)東部にはなだらかなアパラチア山脈が連なる。(3)**ウ**は中央平原の北部などで栽培《さいばい》がさかん。(4)**イ**は農地が狭《せま》い日本の農業の特色。(5)**サンベルト**では，航空宇宙産業など，先端《せんたん》技術産業（ハイテク産業）が発達している。

No.90　南アメリカ州

❶ (1) ① **焼畑《やきはた》農業**

② **例 農地開発や道路建設などのために，熱帯雨林を伐採《ばっさい》しているから。**

(2) **イ**

(3) ① **ポルトガル**　② **コーヒー（豆）**　③ **ウ**

④ **バイオエタノール（バイオ燃料）**

解説　❶ (1)②熱帯雨林（熱帯林）が減少すると，森林による二酸化炭素の吸収量が減ったり，動物のすみかがなくなったりと，多くの被害《ひがい》が出る。自然環境《かんきょう》の保護と経済発展の両立を図る持続可能な開発が求められている。(3)①**X**はブラジル。南アメリカ州では，ブラジルを除くほとんどの国がスペインの植民地支配を受けた。②ブラジルでは，近年コーヒー豆の輸出に依存《いぞん》しない貿易に変化してきている。

No.91　オセアニア州

❶ (1) **さんご礁《しょう》（サンゴ礁）**

(2) **Aアボリジニ　Bマオリ**

(3) **▲ア　■エ**　(4) **羊**　(5) **白豪《はくごう》主義**

(6) **Xイギリス　Yアジア　Z多文化**

解説　❶ (1)太平洋上の島々では，さんご礁などの美しい自然や独自の文化をいかした観光業が発達している。(2)**A**はオーストラリア，**B**はニュージーランド。(3)▲はオーストラリアの西部に，■はオーストラリアの東部に多く分布しているこ

とから判断する。**イ**はオーストラリアの南西部で産出がさかんである。

No. 92 文明のおこり

❶ (1) ① **B** ② **A** ③ **B**

(2) **Aエ Bア Cウ Dイ**

(3) ① **a甲骨《こうこつ》 b始皇帝《しこうてい》 c万里《ばんり》の長城《ちょうじょう》**

dシルクロード（絹《きぬ》の道）

② **殷《いん》→秦《しん》→漢《かん》**

(4) **ポリス**

(5) ① **シャカ（釈迦《しゃか》）** ② **イスラム**

解説 ❶ (1)②狩《か》りや採集を中心とする生活は**旧石器時代**の特徴《とくちょう》。③**磨製《ませい》石器**は石の表面を磨《みが》いてつくられた石器。旧石器時代には**打製《だせい》石器**が使われた。(2)**A**は**エジプト文明**，**B**は**メソポタミア文明**，**C**は**インダス文明**，**D**は**中国文明**を示している。(3)①**a殷**では政治上の大事なことをうらないによって決めていたが，そのうらないの結果を亀《かめ》の甲《こう》や牛の骨に刻《きざ》むために用いられたのが**甲骨文字**である。**dシルクロード（絹の道）**を通って，中国から西方へは絹織物など，西方から中国へは馬やぶどう，仏教などが伝わった。

No. 93 旧石器～弥生時代

❶ (1) ① **打製** ② **たて穴《あな》住居** ③ **貝塚《かいづか》**

④ **銅鐸《どうたく》** ⑤ **奴国《なこく》** ⑥ **邪馬台国《やまたいこく》**

(2) **旧石器時代**

(3) **（土器）縄文《じょうもん》土器 （時代）縄文時代**

(4) **土偶《どぐう》**

(5) ① **九州**

② **（道具）石包丁《いしぼうちょう》 （倉庫）高床《たかゆか》倉庫**

(6) ① **卑弥呼《ひみこ》** ② **魏志倭人伝《ぎしわじんでん》**

(7) **吉野ヶ里《よしのがり》遺跡**

解説 ❶ (1)②**たて穴住居**は地面を掘《ほ》り下げて床をつくり，柱を立てて屋根をかぶせてつくられた。④銅鐸は主に祭りの宝物《ほうもつ》として用いられたと考えられている。⑤奴国は九州北部にあったとされる国。(5)①稲作《いなさく》がさかんになると，いくつかのむらができ，それらをまとめる王が出現し，小さな国ができるようになった。(6)①**卑弥呼**は，魏の皇帝《こうてい》に使いを送り，「親魏倭王《しんぎわおう》」の称号《しょうごう》や金印を授《さず》けられた。

No. 94 古墳時代

❶ (1) ① **大和《やまと》政権（ヤマト王権）** ② **大王《おおきみ》**

(2) ① **大阪府** ② **前方後円墳《ぜんぽうこうえんふん》**

③ **埴輪《はにわ》**

(3) ① **渡来人《とらいじん》**

② **ア× イ○ ウ○ エ○**

③ **X高句麗《こうくり》 Y百済《くだら》 Z新羅《しらぎ》**

解説 ❶ (1)**大和政権（ヤマト王権）**の王は，5世紀後半には九州地方から東北地方南部までを支配した。(3)②**ア**土偶《どぐう》は縄文《じょうもん》時代に食べ物の豊かな実りなどを願ってつくられたとされる土製品で，**渡来人**が日本に伝えたものではない。③**Y** 6世紀半ばに百済から正式に仏教が日本に伝えられた。

No. 95 飛鳥～奈良時代

❶ (1) ① **蘇我《そが》** ② **大宝律令《たいほうりつりょう》**

(2) **十七条の憲法**

(3) **（寺院）法隆寺《ほうりゅうじ》 （文化）飛鳥《あすか》文化**

(4) **大化《たいか》の改新** (5) **壬申《じんしん》の乱** (6) **調《ちょう》**

(7) 例 **仏教の力で国を守ろうと考えたから。**

(8) **ウ** (9) **A聖徳太子《しょうとくたいし》（厩戸皇子《うまやどのおうじ》）**

B中大兄皇子《なかのおおえのおうじ》（天智《てんじ》天皇） C聖武《しょうむ》天皇

解説 ❶ (2)豪族《ごうぞく》に役人の心構えを示した。(6)調のほかに収穫量《しゅうかくりょう》の約3％の稲《いね》を納める**租《そ》**や，労役の代わりに布（麻布）を納める**庸《よう》**などの税が課されていた。(8)**ア**は家柄《いえがら》にとらわれず，才能や功績《こうせき》のある人物を役人に取り立てる制度，**イ**は律令《りつりょう》制のもとで，戸籍《こせき》に登録された人々に**口分田《くぶんでん》**を与《あた》え，死ぬと国に返させた制度。

No. 96 平安時代

❶ (1) ① **平安京《へいあんきょう》** ② **坂上田村麻呂《さかのうえのたむらまろ》**

③ **摂関《せっかん》** ④ **遣唐使《けんとうし》** ⑤ **国風《こくふう》**

(2) **東北地方**

(3) **荘園《しょうえん》** (4) **藤原道長《ふじわらのみちなが》**

(5) **（最澄《さいちょう》）天台宗《てんだいしゅう》 （空海《くうかい》）真言宗《しんごんしゅう》**

(6) **ウ，エ（順不同）**

解説 ❶ (1)④**遣唐使**は唐《とう》の制度や文化を学ぶ

ために派遣《はけん》された。奈良《なら》時代には唐から**鑑真《がんじん》**が来日し，正しい仏教の教えを広めた。(2)征夷大将軍《せいいたいしょうぐん》に任命された坂上田村麻呂は東北地方の蝦夷《えみし》を平定した。(5)**最澄《さいちょう》**は比叡山《ひえいざん》に延暦寺《えんりゃくじ》，**空海《くうかい》**は高野山《こうやさん》に金剛峯《こんごうぶ》（峰）寺《じ》を建てて，布教した。(6)**ア**は校《あぜ》倉造《くらづくり》ではなく寝殿《しんでん》造が正しい。校倉造は正倉院《しょうそういん》に取り入れられている，三角形の木材を組み合わせた建築様式。**イ**は清少納言《せいしょうなごん》ではなく紫式部《むらさきしきぶ》が正しい。清少納言は『枕草子《まくらのそうし》』を書いた人物。**オ**は奈良時代の文化について述べた文。

No. 97 平安～鎌倉時代

❶ (1) **院政《いんせい》**　(2) **(人物) 平清盛《たいらのきよもり》　(記号) ウ**
(3) ① **源頼朝《みなもとのよりとも》**　② **奉公《ほうこう》**
③ **a執権《しっけん》　b守護《しゅご》　c地頭《じとう》**
(4) **御成敗式目《ごせいばいしきもく》（貞永《じょうえい》式目）**
(5) **Dイ，ウ　Eア，エ (順不同)**　(6) **禅宗《ぜんしゅう》**

解説　❶ (1)白河《しらかわ》天皇は天皇の位を譲《ゆず》って上皇となり政治の実権を握《にぎ》った。(2)**ア**は兵庫《ひょうご》（神戸《こうべ》）の港，**イ**は宋《そう》，**エ**は太政大臣《だいじょうだいじん》が正しい。(3)③**a**北《ほう》条《じょう》氏が代々執権《しっけん》となって政治の実権を握った（執権政治）。(5)**イ** 承久《じょうきゅう》の乱のあと，幕府は西日本に東日本の武士を新たに**地頭《じとう》**に任命して置き，支配を広げた。

No. 98 室町時代

❶ (1) ① **後醍醐《ごだいご》天皇**　② **足利尊氏《あしかがたかうじ》**
③ **足利義満《よしみつ》**　④ **守護大名《しゅごだいみょう》**
⑤ **琉球《りゅうきゅう》王国**　⑥ **アイヌ**
⑦ **足利義政《よしまさ》**　⑧ **応仁《おうにん》の乱**
(2) **勘合《かんごう》貿易**　(3) ① **惣《そう》（惣村）**　② **座《ざ》**
(4) **例 下の身分の者が上の身分の者に実力で打ち勝つ風潮。**
(5) **エ**

解説　❶ (1)②北朝から征夷大将軍《せいいたいしょうぐん》に任命されて室町《むろまち》幕府を開いた。(2)勘合《かんごう》は，**倭寇《わこう》**ではなく正式な貿易船であることを証明するために用いられた。(3)①自治を行い団結を強めた農民は，土一揆《つちいっき》を起こすようになった。(5)**ア**は鎌倉《かまくら》時代。**イ** 世《ぜ》阿《あ》弥《み》は父の観阿弥《かんあみ》とともに，能《のう》（能楽《のうがく》）を大成した。水墨画《すいぼくが》は雪舟《せっしゅう》が大成した絵画の種類。**ウ** 足利義満が正しい。

No. 99 総復習テスト (社会)

❶ (1) ① **熱帯雨林 (熱帯林)**　② **ユーロ**
③ **アボリジニ**
(2) **Aカ　Bア　Cエ　Dウ**
(3) **Ⓐア　ⓘウ　ⓤオ**

❷ (1) **大王《おおきみ》**　(2) **冠位《かんい》十二階 (の制度)**　(3) **隋《ずい》**
(4) **東大寺**　(5) **墾田永年私財法《こんでんえいねんしざいのほう》**
(6) **坂上《さかのうえの》田《た》村《むら》麻《ま》呂《ろ》**　(7) **真言宗《しんごんしゅう》**　(8) **御家人《ごけにん》**
(9) **執権《しっけん》政治**　(10) **足利義満《あしかがよしみつ》**　(11) **守護大名《しゅごだいみょう》**
(12) ① **イ**　② **エ**

解説　❶ (1)(2)**A**は南アメリカ州，**B**はヨーロッパ州，**C**はオセアニア州，**D**はアジア州についての説明。**A**南アメリカ州のアマゾン川流域では，農地や道路などをつくるために熱帯雨林を伐採《ばっさい》している。**B**ヨーロッパ州の20を超える国々がEU《イーユー》（ヨーロッパ連合）に加盟している。その多くがユーロを導入しているが，スウェーデン，デンマークなどは導入していない。**C**オセアニア州は，オーストラリア大陸と太平洋に点在する大小の島々からなる。**D**アジア州には，人口第１位の中国と，２位のインドが位置し（2021年現在），世界総人口の約６割が集中している。(3)Ⓐはヨーロッパ州の地中海沿岸の国，ⓘはアジア州のインド，ⓤは北アメリカ州のアメリカ合衆国についての説明。

❷ (3)小野妹子《おののいもこ》は遣隋使《けんずいし》として隋に派遣《はけん》された。(4)国ごとには国分寺《こくぶんじ》と国分尼《に》寺を建てさせた。(7)同じころ最澄《さいちょう》は天台宗《てんだいしゅう》を開いた。(12)①大化《たいか》の改新《かいしん》は645年に始まった。②建武《けんむ》の新政《しんせい》は1334年に後《ご》醍醐《だいご》天皇が始めた。

ANSWERS